STATION DE CHARTRES.

CHARTRES

CATHÉDRALE DE CHARTRES.
Prise de la place Châtelet

CHEMIN DE FER DE L'OUEST.

NOTICE

SUR LA STATION

DE

CHARTRES,

Résumé historique. — La ville et ses monuments.

Par A. MOUTIÉ,

Correspondant du Ministère de l'Instruction publique,
de la Société des Antiquaires de France, de la Société des Sciences morales,
Lettres et Arts de Versailles, Membre de la Société Archéologique
de Rambouillet, etc., etc.

CHARTRES,
GARNIER, IMPRIMEUR-LIBRAIRE,
Place des Halles, 16 et 17,
ET DANS LES PRINCIPALES STATIONS DU CHEMIN DE FER DE L'OUEST.

1851.

EMBARCADÈRE DU CHEMIN DE FER DE L'OUEST

STATION

DE CHARTRES.

Chartres, ancienne capitale de la Beauce et du Pays-Chartrain, est aujourd'hui le chef-lieu de Préfecture et le siége de l'Évêché du département d'Eure-et-Loir. Sa distance légale (sud-ouest) de Paris est de 92 kilomètres, en prenant l'église de Notre-Dame comme point de départ et en suivant la route nationale n° 10, de Paris à Nantes; mais elle n'est que de 88 kilomètres par le chemin de fer de l'Ouest, pris à son embarcadère de la barrière du Maine.

En sortant du somptueux embarcadère qui termine d'une façon toute monumentale la première section du chemin de fer de l'Ouest, le voyageur aborde Chartres par l'un de ses côtés les plus pittoresques et son quartier le plus nouveau. Déjà il a pu contempler la belle perspective que lui offre de loin la ville, bâtie sur la croupe d'une colline dont la partie occidentale surplombe à pic la profonde vallée qu'il vient de traverser; maintenant il peut juger de l'immense influence que le puissant et rapide moyen de communication dont il vient d'être doté, exercera bientôt sur le chef-lieu du département d'Eure-et-Loir. Devant la façade du nouvel édifice s'étend une vaste place en hémicycle, qui commence à se couvrir d'élégantes maisons, ainsi que les trois rues larges et bien alignées qui viennent y aboutir. A droite, c'est la rue Nicole ; à gauche, c'est la rue Félibien ; la place et la rue qui part de son sommet ont reçu la dénomination de place et de rue Jean-de-Beauce. Félicitons l'édilité chartraine d'avoir donné, à cette place et à ces rues, des noms rappelant ou apprenant aux voyageurs ceux de trois hommes qui ont illustré leur ville natale. Nicole, l'un des plus célèbres solitaires de Port-Royal, fut aussi l'un de nos plus profonds moralistes ; André Félibien, membre distingué de l'ancienne Académie des Inscriptions, auteur d'ouvrages estimés, peut aussi compter au nombre de ses gloires celle d'avoir été le père de dom Michel Félibien, le savant et laborieux bénédictin ; enfin Jean Texier, dit de Beauce, fut l'incomparable artiste qui commença la sculpture de la clôture du chœur de la cathédrale, et éleva cette flèche merveilleuse qui signale de si loin l'un des plus étonnants chefs-d'œuvre de notre architecture nationale.

Un jour viendra, nous n'en doutons pas, que l'ancienne cité des Carnutes, qui a déjà débordé l'étroite enceinte de ses vieux remparts pour s'étager sur les bords de la grande route de Paris, se portera tout entière du côté de cet embarcadère par lequel elle n'est plus qu'à trois heures de la capitale.

En suivant la rue Jean-de-Beauce, on arrive à l'angle de la place du Marché-aux-Chevaux, devant l'arbre de liberté, planté après la révolution de février 1848. On laisse à droite le boulevard de la Foire, grande esplanade nouvellement plantée de quatre longues rangées d'arbres, sur l'emplacement de laquelle s'élevait naguères la Grande-Butte, ou *Butte du Vidame*, aplanie pour combler le profond ravin des *Vauroux*, sur lequel sont construits l'embarcadère et la gare du chemin de fer. On traverse ensuite la route de Paris et l'on est sur la place Châtelet, devant l'une des anciennes portes de la ville.

Mais avant de tracer à nos lecteurs l'itinéraire qu'ils doivent suivre, avant de les conduire devant les monuments qui peuvent le plus particulièrement fixer leur attention, commençons par leur donner un résumé rapide des dates et des faits principaux de l'histoire de la ville dans laquelle ils vont entrer.

I.

Résumé historique.

Si l'on en croyait les récits naïfs de quelques vieux chroniqueurs, Chartres serait assurément l'une des plus anciennes villes du monde. Il aurait été fondé du vivant même de Noé, par les Gomérites qui, sous la conduite de Gomer, petit-fils de ce patriarche, auraient quitté une contrée de l'Asie voisine de la Syrie, pour venir peupler les îles de la Méditerrannée, la Grèce, l'Italie et les Gaules, vers l'an 2175 avant Jésus-Christ.

Quoi qu'il en soit de ces récits fabuleux qui entourent presque toujours l'origine des anciens peuples, les Chartrains peuvent invoquer des textes plus dignes de foi en faveur de la haute antiquité de leurs ancêtres et de leur cité.

Tite-Live, en effet, nous apprend que sous le règne de Tarquin l'Ancien (600 ans avant Jésus-Christ), les Carnutes étaient du nombre de ces peuples qui, sous la conduite de Bellovès, neveu d'Ambigatus, roi des Bituriger, émigrèrent de la Gaule celtique, franchirent les Alpes et vinrent s'établir en Italie, où ils fondèrent les villes de la Gaule cisalpine (1).

Les Carnutes, peuple belliqueux de la Gaule celtique, étaient maîtres d'un territoire fort étendu, limité au nord par la rivière d'Avre, par la Seine et par le Parisis ; au midi, par la Loire ; à l'est, par le pays des Sénonais et une fraction du Parisis ; à l'ouest, par la Touraine, le Maine et une partie du Grand-Perche. César rapporte qu'à une certaine époque de l'année, les Druides se réunissaient dans un lieu consacré, situé sur les frontières du pays des Carnutes, qui était regardé comme le milieu de la Gaule, et que tous ceux qui avaient des contestations y venaient de toutes parts pour les soumettre à leurs décisions.

Lors de la conquête des Gaules par les Romains, les Carnutes furent du nombre de ceux qui s'y opposèrent avec le plus de

---

(1) Liber V, cap. 34.

vigueur, et qui défendirent leur indépendance avec le plus d'acharnement. Ils mirent à mort Tasgétius, leur chef, qu'ils soupçonnaient de favoriser les projets ambitieux de César; ils furent les premiers instigateurs de l'insurrection presque générale des Gaules contre les Romains, et les derniers à se soumettre à l'irrésistible puissance des conquérants. Plus tard on les voit figurer au nombre des *peuples alliés* du peuple romain.

A cette époque, le Pays Chartrain était couvert d'immenses forêts, dont il reste encore de si nombreux vestiges, notamment aux environs de Rambouillet, d'Orléans et de Dreux; c'était dans ces forêts que les Druides exerçaient et professaient leur religion mystérieuse. Le pays, comme tout le reste de la Gaule, était défendu militairement par des forteresses occupées seulement en temps de guerre; la population habitait des huttes ou chaumières de terre, grossièrement construites, séparées les unes des autres, et dont l'agglomération formait des hameaux, des villages et de grosses bourgades. *Genabum*, que les uns placent à Orléans et d'autres à Gien, était la principale place de guerre des Carnutes; *Autricum* était leur bourgade la plus importante, qui devint la capitale de toute la nation.

Autricum conserva ce nom jusques vers le milieu du IVe siècle, époque à laquelle toutes les capitales des peuples gaulois, qui n'étaient ni colonies ni métropoles, abandonnèrent leurs dénominations primitives pour ne conserver que celle de leur nation. *Autricum Carnutum* fut donc appelé tout simplement *Carnutes*, qui devint *Carnutum*, dont le moyen-âge a fait *Carnotum*, qui en français a fait *Chartres*. Lorsque la Gaule fut divisée en provinces romaines, le territoire des Carnutes, ou Pays Chartrain *(Pagus Carnotinus)*, fut compris dans la province Lyonnaise *(Lugdunensis)*; plus tard il fit partie de la quatrième province de ce nom, dite Sénonaise *(Senonia)*, dont Sens était la métropole.

L'histoire de l'établissement du Christianisme dans le Pays Chartrain est, comme celle des premiers siècles de la ville, enveloppée de la plus profonde obscurité et accompagnée des légendes les plus merveilleuses. Sans rapporter ni combattre ces traditions apocryphes, qui, selon nous, déshonorent l'histoire, nous nous bornerons à dire que, d'après l'opinion la plus raisonnable, il paraît que l'ancienne religion des Gaulois, mêlée au culte des

Dieux romains, subsista dans le Pays Chartrain jusqu'à une époque avancée du IV° siècle. D'après Sulpice Sévère, saint Martin, évêque de Tours, fit deux voyages à Chartres, vers l'an 369. Il opéra deux miracles éclatants, l'un à la ville et l'autre à la campagne, qui firent de nombreux prosélytes à la foi chrétienne. C'est seulement à cette époque qu'il est raisonnable de faire remonter la fondation de l'église chartraine, dont saint Cheron et saint Aignan furent les premiers évêques. L'histoire de ces premiers prélats est presque inconnue, et celle de leurs successeurs immédiats est fort incertaine.

En 483, saint Solon occupait le fauteuil épiscopal ; il fut l'un de ceux qui contribuèrent le plus à la conversion de Clovis. Solon mourut en 409 et eut pour successeur saint Aventin qui, de son vivant même, avait exercé les fonctions épiscopales et administré le Dunois et le Blésois. Ce dernier mourut en 528. Éthère lui succéda immédiatement. Saint Lubin, fondateur ou plutôt organisateur du chapître, mort en 557 ; saint Chalétric, mort en 569 ; Papoul en 594 et Berthaire en 609, remplirent successivement les fonctions pastorales. A partir de cette époque, une certaine confusion règne dans la chronologie des évêques de Chartres, dont les historiens donnent tous un catalogue différent. Ce n'est qu'à partir de l'an 879, c'est-à-dire de l'épiscopat de Girard, que cette chronologie n'offre plus aucune incertitude. Mais ce n'est point ici le lieu d'entrer dans de plus amples détails sur l'histoire de ces prélats, dont plusieurs ont illustré le clergé français.

Le diocèse de Chartres devint, lorsque ses limites furent définitivement fixées, l'un des plus importants qui fût en France : son immense étendue lui avait fait donner, en cour de Rome, le nom de grand diocèse. Il comprenait toute la circonscription de l'ancien pays des Carnutes, moins la cité d'Orléans, construite par Aurélien, qui était devenue elle-même le siège d'un autre évêché. Il avait cinquante lieues du nord au midi, trente de l'est à l'ouest, et consistait en six archidiaconés : celui de Chartres, ou Grand Archidiaconé ; de Blois, de Vendôme, du Pincerais, ou de Poissy ; de Dreux et du Dunois ou de Châteaudun.

L'évêque de Chartres fut d'abord le premier suffragant de l'archevêque de Sens. Sens était devenu la métropole ecclésiastique du Pays Chartrain, comme elle avait été sa métropole politique sous la domination romaine. En 1683, lorsque Paris fut érigé en archevêché, l'évêque de Chartres, qui s'était toujours soustrait à l'autorité métropolitaine de Sens, demanda et obtint de devenir le premier suffragant du nouvel archevêque. Quand en 1697, Louis XIV institua l'évêché de Blois, celui de Chartres perdit les deux archidiaconés de Blois et de Vendôme, et ne compta plus que 753 paroisses : il n'en a plus que 420, aujourd'hui que les limites de son diocèse sont celles du département d'Eure-et-Loir.

Après la chute de l'empire romain, le Pays Chartrain passa sous la puissance immédiate des rois francs. A la mort de Clovis, il échut avec la Touraine, le Maine, l'Anjou et le Berry, à Chlodomir, second fils de ce prince et roi d'Orléans. En 567, après la mort de Charibert, il fut divisé entre les trois autres fils de Chlotaire Ier, et les villes de Chartres, de Châteaudun et de Vendôme furent le partage de Sigebert, roi d'Austrasie. En 591, il passa à Gontran, roi de Bourgogne, à la suite d'un traité d'échange conclu entre ce prince et Childebert, roi de Metz; puis, à la mort de Gontran, Frédegonde s'en empara et le réunit au royaume de Neustrie. En 597, il devint le théâtre des guerres continuelles qui régnaient entre les Neustriens et les Austrasiens, Frédegonde une fois morte, les Bourguignons, ligués avec les Austrasiens, envahirent le royaume de Chlotaire II et défirent ce prince à la bataille de Dormeilles. Thierry II, roi d'Orléans et de Bourgogne, vint, vers l'an 600, mettre le siége devant Chartres, qu'il trouva solidement fortifié et vigoureusement défendu par ses habitants. Désespérant de pouvoir emporter une place aussi forte, il fait couper les aqueducs qui y amenaient l'eau. Bientôt après il parlemente avec les assiégés, l'évêque Berthaire à leur tête, et leur promet de ne leur faire aucun mal, s'ils lui ouvrent leurs portes. On le croit imprudemment et bientôt après les habitants sont en grande partie passés au fil de l'épée, la ville pillée et saccagée. En 743, le Pays Chartrain fut ravagé par Hunold, duc d'Aquitaine, et la ville de Chartres tomba en son pouvoir.

Le règne brillant de Charlemagne opposa une barrière momentanée à ces luttes sanglantes et au progrès toujours croissant de la barbarie. L'ordre et la régularité, rétablis dans le gouvernement, firent goûter à la Gaule franque une sécurité et un repos qui lui avaient été inconnus sous les rois mérovingiens. Mais depuis la mort du grand empereur, la puissance des rois de France s'était considérablement affaiblie; les grands vassaux de la couronne étant devenus indépendants, la royauté n'était plus qu'un vain titre et la féodalité s'était établie. D'un autre côté, les Normands, envahissant la France de toutes parts, ravageaient et pillaient tout ce qu'ils rencontraient sur leur passage. Le Pays Chartrain eut beaucoup à souffrir de leurs incursions. Dès l'an 945, ces barbares remontent la Seine et le ravagent dans sa partie septentrionale; en 855, ils le dévastent du côté de la Loire; en 858, ils pénètrent sans obstacle jusqu'à Chartres, sous la conduite de Hastings. La ville bien fortifiée oppose une héroïque résistance; mais après la mort de ses principaux citoyens et l'épuisement de toutes ses ressources, elle est emportée d'assaut. Son évêque se noie en passant la rivière à la nage; ses prêtres, ses moines, ses habitants sont massacrés en grande partie et elle est ruinée de fond en comble. Si l'on en croit les chroniqueurs du pays, la ville de Chartres aurait été donnée par Charles-le-Gros, à titre de bénéfice, à ce Hastings, qui dès lors en aurait pris le titre de comte et en recevait un fort tribut. Ce serait le refus de payer ce tribut qui aurait fait revenir les Normands et leur aurait fait incendier la ville. Quoi qu'il en soit, ces barbares ravagèrent encore plus d'une fois le Pays Chartrain. En 911, le célèbre Rollon, qui fut depuis duc de Normandie, se présente dans le pays à la tête de nouvelles bandes danoises, saccage les faubourgs de Chartres et met le siége devant cette ville; mais il en est repoussé par la valeur de ses habitants, secourus par les troupes du duc de Bourgogne et du comte de Poitiers, et, selon la tradition, par la vertu miraculeuse de la *Chemise de la Vierge*, que l'évêque Gausselin portait en guise d'étendard.

 Sous le gouvernement des rois, l'ancien territoire des Carnutes avait reçu une nouvelle division politique, et avait formé une multitude de comtés dans l'énumération desquels nous ne pouvons entrer ici. Le comté de Chartres n'était pas l'un des moins importants. Mais on ignore quels furent ses premiers tenanciers, et même quels furent ses premiers possesseurs lorsque la féodalité fut définitivement établie.

 Le premier que l'on puisse nommer avec quelque certitude fut, dès 941, Thibault-le-Tricheur, qui fut aussi comte de Blois et de

Tours, et la souche des comtes de Champagne. Selon l'annaliste de Saint-Bertin, il était fils de Gerlon, proche parent de Rollon, le premier duc de Normandie; ce Gerlon, aussi nommé Thibault, acheta, vers 890, d'Hastings, son compatriote, le comté de Chartres, que celui-ci lui vendit pour retourner dans son pays. Thibault-le-Tricheur étendit ses domaines jusques dans la Champagne; il possédait le comté de Beauvais et des biens considérables dans l'Anjou et le Berry. L'an 945, il épousa Leutgarde, veuve de Guillaume-Longue-Épée, duc de Normandie, fille d'Herbert, comte de Vermandois. Celle-ci lui apporta en dot les terres de Juzières, de Fontenay et de Limay, situées entre Mantes et Meulan, qu'elle donna à l'abbaye de Saint-Père de Chartres.

Le comte Thibault mourut dans un âge très-avancé, mais la date de sa mort, fort incertaine, flotte entre les années 974 et 978. Robert Wace, dans son *Roman de Rou*, nous a laissé de lui le portrait suivant :

> Thibault li cuens de Chartres fut fel et enguignoux
> Mout ot chastiaux et ville, et mout fut ahenoux.
> Chevalier fu mouz proux, et mout chevaleroux;
> Mès mout parfu cruel, et mout fu envioux.
> Thiebaut fut plein d'engien, et plein fu de feintié :
> A homme ne a femme ne porta amitié,
> De franc ne de chétif n'ot mercy ne pitié,
> Ne ne doubta à faire mal-œuvre ne péchié.
> François crie *Mont-Joye*, et Normant *Diex-Aye*,
> Flamant crie *Arras*, et Angevin *R'allie*
> Et li cuens Thiebaut *Chartres* et *Passavant* crie.

Sous Thibault-le-Tricheur, Chartres eut encore à souffrir des ravages des Normands. Richard, duc de Normandie, pour se venger du comte et le faire sortir de la ville d'Evreux, dans laquelle il s'était renfermé après l'avoir prise sur lui, vint faire une incursion dans le Dunois et le Pays Chartrain. Il se dirigea vers Chartres, dont il commença à piller les faubourgs. Thibault, fils du comte, fit alors une sortie dans laquelle il fut tué : ce qui fut la cause que le duc prit la ville qu'il saccagea et brûla. A cette nouvelle, le comte de Chartres sort d'Evreux, se dirige vers sa ville pour y surprendre son ennemi, mais celui-ci était déjà retourné à Rouen, chargé d'un riche butin. La date de ce siége est rapportée au 5 août 962 (1).

L'an 978, au plus tard, Eudes, l'un des fils du comte Thibault, lui succéda dans les comtés de Chartres, de Blois, de Tours, de Beauvais, de Meaux et de Provins. Nous ne suivrons pas plus loin la brillante généalogie de ces comtes, dont la postérité posséda la ville de Chartres jusqu'à une époque avancée du XIIIe siècle. Nous ne rapporterons pas les illustres alliances qu'ils contractèrent; nous passerons sous silence leurs exploits, leurs différents voyages en Terre-Sainte et la part active qu'ils prirent aux guerres intestines qui désolèrent la France. De telles recherches appartiennent aux historiens et non au simple visiteur.

Nous nommerons seulement la dernière comtesse héréditaire de cette illustre maison. Ce fut Jeanne de Châtillon, fille de Jean II de Châtillon, qui épousa, en 1272, Pierre de France, comte d'Alençon et fils de saint Louis. Étant devenue veuve, elle vendit, en 1286, la ville et le comté de Chartres à Philippe-le-Bel, qui les réunit à la couronne. Bientôt après, en 1293, ce prince les donna en apanage à son frère Charles de Valois qui, étant mort à Nogent-le-Roi en 1325, les laissa à son fils, Philippe de Valois, à l'avénement duquel ils furent une seconde fois réunis à la couronne de France. Nous dirons plus tard comment ce comté fut dans la suite érigé en duché et comment il fit partie de l'apanage des divers ducs d'Orléans.

Quelque intérêt que puissent offrir les annales ecclésiastiques de la ville de Chartres, quelque curieux que soient les détails des interminables querelles des évêques, du chapitre et des officiers des comtes, querelles dans lesquelles le roi de France fut plus d'une fois obligé d'interposer son autorité, nous les passerons aussi sous silence. Nous nous bornerons à énumérer rapidement les principaux faits historiques qui ont illustré la cité chartraine.

Sous le règne de Louis-le-Gros et sous l'évêque Geoffroy de Lèves, qui occupa le siége épiscopal de 1115 à 1148, les serfs de

---

(1) Hérisson, Notices et Dissertations sur l'histoire et les historiens de Chartres, etc.

l'évêque et du chapitre obtinrent du roi quelques priviléges et immunités. Les bourgeois de Chartres se rachetèrent aussi du servage, moyennant une taille de 400 livres; mais leur communauté ne fut complétement affranchie qu'en 1296, époque à laquelle le comte Charles de Valois leur emprunta une somme de 12,000 livres, pour aider le roi, son frère, dans la guerre qu'il venait d'entreprendre contre les Anglais. En reconnaissance de ce prêt, le comte les exempta du paiement des tailles, subsides et autres droits; leur permit d'avoir un hôtel commun pour y tenir leurs assemblées et leur en délivra ses lettres patentes au mois de mars 1297. Ces priviléges furent confirmés en 1485 et 1491 par Charles VIII, qui, en outre, exempta les habitants de Chartres du ban, de l'arrière-ban et du logement des gens de guerre : ils le furent aussi par Henri III, en octobre 1583. Quant aux bourgeois du chapitre, ils ne furent complétement libérés du servage qu'en 1387.

Saint Louis, à peine de retour de sa malheureuse croisade de 1248, voulant traiter de la paix avec le roi d'Angleterre, Chartres fut choisi pour le lieu du rendez-vous; en 1255 les deux princes s'y réunirent et y signèrent ce traité de paix qui fut suivi d'un repas splendide. Quelques années plus tard, en 1262, un violent incendie consuma la ville presque en entier, et ne respecta guères que la Cathédrale et l'église de Saint-André.

Vainqueur des Flamands à la célèbre bataille de Mons-en-Puelle, Philippe-le-Bel fonda, au mois de septembre 1304, par lettres-patentes datées du camp devant Lille (1), un service solennel en l'honneur de Notre-Dame-de-la-Victoire, qui dut être célébré annuellement dans la cathédrale de Chartres. Pour assurer la célébration de ce service, il donna à cette église une somme de cent livres de rente, et envoya Charles-le-Bel, son fils, lui remettre en présent son cheval et son armure. « Tous les ans, dit Doyen, le » 16 août, aux premières vêpres de cet office de la Victoire, on » expose, en mémoire de cette action, un heaume, un casque » ceint d'une couronne fleurdelisée d'or, des bracelets, des gan-

---

(1) L'original de ces lettres est conservé aux Archives départementales d'Eure-et-Loir.

» telets et des cuissarts; une épée et son fourreau, et une ceinture
» de velours noir, garnie de perles; une cotte de mailles, une
» camisole, des sandales avec une cotte d'armes de velours violet
» ou bleu-brun, semé de fleurs-de-lis brodées d'or, que l'on dit
» être les armes dont Philippe-le-Bel était vêtu lors de cette ba-
» taille. Ce qui n'est pas vraisemblable, les armes n'étant propres
» qu'à un enfant de douze à quinze ans (1). » Une partie de cette
armure et de ces vêtements est déposée au musée de la ville;
nous aurons lieu d'y revenir en visitant cet établissement.

A l'imitation de son oncle, Philippe de Valois, aussi vainqueur des Flamands en 1328, fit rendre des actions de grâce solennelles dans l'église Notre-Dame de Paris, dans l'église de Saint-Denis et dans la cathédrale de Chartres, à laquelle il présenta aussi son cheval et ses armes; puis pour les racheter, il donna au chapitre une somme de mille livres qui devait être employée aux besoins de l'église. L'année suivante, le roi vint à Chartres et assista, dans la Cathédrale, au mariage de Jean III, duc de Bretagne, avec Jeanne, fille d'Édouard, comte de Savoie.

Au mois de janvier 1353, la reine Jeanne, seconde femme du roi Jean, fit son entrée solennelle en cette ville, où elle revint trois ans plus tard, accompagnant son mari, qui y rassemblait une armée considérable. C'est de Chartres que Jean, suivi de ses quatre fils, partit pour poursuivre le prince de Galles, fils d'Édouard III, roi d'Angleterre, qui venait de ravager le Quercy, l'Auvergne, le Limousin et le Berry, et s'avançait vers le Poitou et la Touraine. Il rencontra l'ennemi à Maupertuis, environ à deux lieues de Poitiers; celui-ci s'était retiré dans des vignes et des terrains environnés de fortes haies; il demanda la paix et offrit de payer tous les dommages qu'il venait de causer. Mais le roi de France, certain de la victoire, attaque huit mille hommes avec quatre-vingt mille, et perd cette funeste bataille de Poitiers, où il est fait prisonnier avec le plus jeune de ses fils, Philippe-le-Hardi, qui fut plus tard le premier duc de Bourgogne de la maison de Valois.

---

(1) Doyen, Histoire de la ville de Chartres, du Pays Chartrain et de la Beauce, tome II, pages 17 et 18.

Quatre années s'écoulent encore, quand Édouard III, après avoir levé le siége de Reims et éludé les propositions de paix qui lui avaient été faites à Longjumeau, se dirige vers Chartres avec toute son armée. Arrivé au hameau de Brétigny, dans la paroisse de Sours et à une lieue et demie de la ville, un violent orage éclate et le force de s'arrêter. Il était suivi de près par l'armée française, ce qui le détermina à demander lui-même la paix qu'il venait de refuser. C'est alors que, le 8 mai 1360, fut conclu le célèbre traité de Brétigny. Pendant les négociations, qui durèrent huit jours, le roi d'Angleterre vint à Chartres faire ses dévotions avec les principaux seigneurs de sa cour. Il témoigna le désir de voir la châsse dans laquelle était renfermée la chemise de la Vierge; ce qui lui fut accordé par le chapitre, après qu'il en eut obtenu l'autorisation du conseil du roi, alors réuni dans la ville.

Cependant la guerre avait repris avec les Anglais; les *Grandes Compagnies* ravageaient les provinces et infestaient le Pays Chartrain. En 1369, Charles V convoqua les États-Généraux à Chartres; mais cette assemblée fut sans résultats.

La peste vint mettre le comble aux malheurs qui désolaient le pays; Chartres en fut atteint en 1388 et perdit une partie de ses habitants.

Charles VI, comme tous les rois de France, avait une grande dévotion à l'église de Chartres; il y vint en 1394, avec Jean de Montaigu, évêque nouvellement élu, qui fut intronisé avec toutes les solennités accoutumées. Suivant l'antique usage, il fut porté sur son siége épiscopal par les députés des quatre barons de l'église chartraine, les sires d'Alluye, de Chêne-Doré, de Longwi et le vidame de Chartres. Plus anciennement, c'étaient les barons d'Alluye, d'Authon, de Brou et de Montmirail auxquels appartenait ce devoir. La même année fut tenu, dans l'église cathédrale, le Concile national dans lequel, à l'exclusion de l'anti-pape Benoît XIII, Boniface IX fut reconnu pour pape légitime.

Pendant la première moitié du XVe siècle, les évènements se succèdent avec rapidité dans la ville de Chartres qui reçoit des hôtes illustres, devient le théâtre de faits importants et prend une large part des malheurs que la minorité et la démence de Charles VI, les sanglantes querelles des Armagnacs et des Bourguignons, et l'occupation anglaise firent tomber sur la France.

Après que le duc de Bourgogne eut fait assassiner le duc d'Orléans (24 novembre 1407), les fils de ce prince avaient obtenu du roi, leur oncle, que le meurtrier de leur père leur en donnerait une éclatante satisfaction. On profita de cette circonstance pour tenter une réconciliation entre les deux maisons, et Chartres fut choisi pour en être le théâtre. Le roi s'y rendit, le jeune duc d'Orléans et le comte de Vertus, son frère, y vinrent de leur côté, et le duc de Bourgogne y arriva le samedi 9 mars 1409. On dressa une grande estrade dans le jubé, à l'entrée du chœur de l'église cathédrale; le roi s'y assit, auprès du crucifix, entouré de la reine, du dauphin et de sa femme, fille du duc de Bourgogne; les rois de Sicile et de Navarre, les ducs de Berry et de Bourbon, le marquis de Pont, le cardinal de Bar, son frère, l'archevêque de Séns, l'évêque de Chartres avec plusieurs autres prélats et seigneurs, étaient derrière le roi avec les enfants du duc d'Orléans. Le duc de Bourgogne entra dans l'église, monta sur l'estrade, reçut à genoux le pardon du roi, puis par l'organe de son avocat, demanda le même pardon aux deux jeunes princes, en ajoutant lui-même « et de ce je vous prie. » Le duc d'Orléans et son frère ne répondant rien, le roi leur ordonna *d'accorder la requête du duc*, ce qu'ils firent avec une contrainte fort apparente. Alors le cardinal de Bar apporta un missel, sur lequel les trois princes se jurèrent respectivement de garder la paix entre eux. Le roi dit « qu'il voulait que dorénavant ils fussent bons amis, leur défendant » très étroitement qu'ils n'eussent à sentrefaire *dommage ni grief,* » *à peine de forfaire envers lui*; ce que les princes promirent de » tenir » (1). On sait comment ils observèrent ces serments et ces promesses.

Bientôt après cette feinte réconciliation, le duc Jean-sans-Peur, nommé lieutenant-général du royaume, continua de persécuter les *Armagnacs*, ou partisans du jeune duc d'Orléans. Ce prince et son frère s'étaient retirés à Blois, où ils résolurent de prendre les armes et de venir en aide à ceux de leur parti qu'ils rallièrent à Chartres et déclarèrent la guerre aux Bourguignons. Rien n'égale les fureurs et les cruautés des Armagnacs, et en **1410**, le duc de

---

(1) Doyen, Histoire de Chartres, tome II, page 28 et suivantes.

Bourgogne, craignant pour son pouvoir, se voit réduit à demander la paix.

Chartres tenait encore pour ceux de la faction d'Orléans, quand, en **1417**, le duc de Bourgogne, déjà maître des principales places des environs, se fit livrer la ville par Jacqueville, qu'il en avait nommé gouverneur. Celui-ci en chassa tous les officiers du roi, maltraita tous ceux des habitants qu'il soupçonnait d'être Armagnacs, pilla leurs maisons, les fit mourir ou les força à quitter la ville.

Pendant ce temps-là, la reine Isabeau de Bavière, femme de Charles VI, reléguée à Tours, écrit au duc de Bourgogne de l'y venir trouver et en part avec lui pour se rendre à Chartres, où ils arrivent le 9 novembre **1417**; la reine y convoque les États des villes du parti des Bourguignons; elle leur fait représenter par Philippe de Morvillier, son chancelier, que le déplorable état dans lequel était tombé le royaume tenait à la maladie du roi, qu'elle désirait y apporter un prompt remède, et que par conséquent elle se déclare régente. Bientôt après elle part pour Joigny, d'où elle se rend à Troyes pour y conclure ce honteux traité qui déshérite le dauphin, son fils, et livre la France au roi d'Angleterre.

Chartres resta pendant seize ans sous la domination anglaise, pendant lesquels le dauphin et le comte de Foix vinrent inutilement mettre le siége devant ses murs. Ce ne fut qu'en **1432** que le comte de Dunois réussit à le surprendre, et le délivre du joug de l'étranger.

« Deux marchands de la ville, *Le Sueur* et *Boussineau*, en con-
» certèrent les moyens. Ils obtinrent du roi Charles VII des passe-
» ports pour la liberté de leur commerce hors de la ville, et
» projettèrent d'y rentrer avec des voitures de marchandises, et
» de profiter de cette circonstance pour procurer à Sa Majesté la
» prise de la ville. Un jacobin, nommé *Sarrasin*, prédicateur,
» et zélé pour le parti du roi, aidé des sieurs de Paris et de
» Champrond, chartrains et chanoines de la cathédrale, offrit
» d'amuser les habitants par un sermon intéressant pendant
» l'expédition. Le sieur de Longueville, le comte de Dunois, le
» sieur de Boncicault, maréchal de France; le sieur de Gaucourt,
» gouverneur d'Orléans; le sieur de la Hire, le sieur Blanchet

» d'Estouteville, seigneur de Villebon; Florent, seigneur d'Illiers,
» Girard de Félins, et autres gentilshommes du pays, se mirent
» à la tête de quatre mille combattants, après être convenus de
» l'heure et des signaux. Les deux marchands arrivèrent à la
» porte de Saint-Michel, avec leurs voitures. Quarante à cinquante
» arbalétriers paroissaient escorter les charrettes. Ceux qui gar-
» doient la porte, reconnoissant les marchands, ne se doutèrent
» pas de leur dessein; leur ouvrirent la porte, et pendant qu'ils
» les interrogeoient sur ce qui se passoit hors de la ville, des
» soldats, déguisés en charretiers, arrivèrent, tombèrent sur les
» gardes et se rendirent maîtres de la porte. Le sieur de Longue-
» ville entra avec tous ses combattants, et s'empara des alentours.
» Florent d'Illiers alla planter l'étendard de France devant la porte
» de la cathédrale. Le sieur de Villeneuve, gouverneur de la ville
» pour les Anglais, et le sieur de l'Aubespine, bailly et capitaine
» de Chartres, se présentèrent pour les repousser, mais ils ne se
» trouvèrent pas en nombre suffisant; d'ailleurs, le jacobin re-
» tenait dans son auditoire une grande partie de ceux qui auraient
» pu les servir, et une autre partie étoit dans les différentes
» églises, suivant l'usage du jour (c'étoit la veille de Pâques). Il
» périt soixante à quatre-vingts habitants, et cent à cent vingt
» qui eurent la tête tranchée. La ville fut mise au pillage et les
» habitants éprouvèrent les horreurs qui, en pareille occasion,
» suivent la perte d'une ville. Il fut fait six cents prisonniers qui
» se rachetèrent à prix d'argent » (1).

C'est ainsi que la ville de Chartres rentra sous l'obéissance du roi, qui peu de temps après fut sacré à Reims.

Bien des années s'écoulent sans que les annales de la ville nous offrent des faits qui méritent d'être rapportés ici. En 1463, le superstitieux Louis XI y vient passer les fêtes de Pâques et y fait quelques pèlerinages pendant le cours de son règne, notamment en l'année 1477, lorsqu'il eut appris la mort de Charles-le-Téméraire.

Le célèbre cardinal Georges d'Amboise vint à Chartres en 1502; le 26 janvier de la même année, Louis XII y fit son entrée solen-

---

(1) Doyen, Histoire de Chartres, pages 33, 34 et 35.

nelle; en 1518, François 1ᵉʳ y fit la sienne avec la reine sa femme, et la duchesse, sa mère.

Le comté de Chartres qui, depuis sa réunion à la couronne par Philippe-de-Valois, n'avait pas cessé de faire partie du domaine des rois de France, fut par lettres patentes des mois de juin et de juillet 1528, érigé en duché et donné en dot, avec Montargis et Gisors, à Renée de France, fille de Louis XII, lors de son mariage avec Hercule d'Est, fils du duc de Ferrare. Mais cette donation ne fut faite qu'à titre d'engagement, sur les remontrances du Parlement, qui représenta que la dot des filles de France ne devait être qu'en argent et que les terres dépendant du domaine de la couronne ne pouvaient s'apanager qu'aux enfants mâles. Ce duché fut possédé par les héritiers de la famille d'Est jusqu'au 26 août 1623, époque à laquelle, par suite d'un traité fait avec Henri de Savoie, qui en était titulaire, Louis XIII le réunit à la couronne, en remboursant à ce duc 250,000 écus, somme pour laquelle il avait été primitivement engagé.

Parmi les voyages et les séjours que firent à Chartres les rois et les reines de France, pendant la première moitié du XVIᵉ siècle, nous citerons seulement celui qu'y fit Henri II en 1550. Le roi y arriva le 17 novembre, accompagné des cardinaux de Lorraine et de Châtillon, des ducs de Montmorency et de Guise et suivi d'un brillant cortége. Catherine de Médicis vint bientôt l'y rejoindre avec madame Marguerite de France; Diane de Poitiers, duchesse de Valentinois, et la duchesse de Guise. Le dauphin François, Charles IX, alors duc d'Orléans, Élisabeth de France, leur sœur, et la jeune reine d'Écosse, Marie Stuart, fiancée au dauphin, les y attendaient depuis le 14 du même mois. Ce séjour de la cour entière donna lieu à des fêtes brillantes. Trois ans plus tard, on persécutait avec le plus grand acharnement ceux de la religion réformée qui, depuis quelque temps, faisait de grands progrès dans la ville et le pays d'environ. Le 2 mars 1553, on brûlait vive, en dehors de la porte des Épars et sur le marché aux pourceaux, une demoiselle de Challet, atteinte et convaincue d'hérésie; quelques jours après deux hommes subissaient le même supplice. Cet acte d'horrible barbarie se passait dans les dernières années de l'épiscopat de Louis Guillard. La nouvelle religion de Calvin n'en faisait pas moins de rapides progrès dans le diocèse, où

elle était semée même par des curés apostats, qui y desservaient des paroisses. L'évêque lui-même, Charles Guillard, neveu et successeur du précédent, en fut accusé et cité, en cour de Rome, par le pape Pie IV, mais il n'y comparut pas. Il fut, avec un grand nombre de prélats et de cardinaux, accusés et cités comme lui, condamné par défaut comme hérétique et privé de ses bénéfices dont pourtant il ne cessa pas de jouir. Plusieurs de ces évêques apostasièrent, mais Charles Guillard ne suivit pas leur exemple.
« Le cardinal de Châtillon épousa publiquement, et en son habit
» de cardinal, Isabeau d'Auteville, dame de Loré. Renée de
» France, duchesse de Chartres, en 1566, fit faire un prêche
» dans la grande salle du palais épiscopal, par le curé de
» Mézières.
» Au mois d'octobre 1572, Charles Guillard amena à Chartres
» un moine des Vaux-de-Cernay dont il était abbé; il le fit prê-
» cher devant lui, le jour de la Toussaint, en la cathédrale. Ce
» moine ayant avancé quelques propositions suspectes, il s'éleva
» une rumeur dans l'auditoire, et l'évêque, craignant que les
» choses n'allassent plus loin, fit descendre le prédicateur, et se
» retira avec lui dans l'hôtel épiscopal; mais l'évêque apprenant
» que l'indisposition du peuple augmentait, monta dans son car-
» rosse et partit avec le moine. Il fut poursuivi, avec huées et
» pierres, jusqu'au faubourg de la porte Guillaume, et plusieurs
» de sa suite furent blessés. Cette action fâcheuse le détermina à
» ne plus venir à Chartres. Il fit une résignation en faveur de
» Nicolas de Thou, frère de Christophe de Thou, premier prési-
» dent au Parlement de Paris » (1).
Pendant les longues et désastreuses guerres de la Réforme, la ville de Chartres resta toujours fidèle au parti catholique et à celui du roi. En 1562, quelque temps avant la bataille de Dreux, elle refusa fièrement d'ouvrir ses portes au prince de Condé, qui venait de se rendre maître de Gallardon et de quelques autres petites places fortes de la Beauce. Au mois de mars 1568, elle fut as-siégée par l'armée des Huguenots et vigoureusement défendue par le sieur de Linières. Le siége dura quinze jours, pendant lesquels

---

(1) Doyen, Histoire de Chartres, pages 306 et 307.

la brèche fut plusieurs fois ouverte et les assaillants toujours repoussés; enfin il y eut une suspension d'armes, dont les assiégeants profitèrent pour se retirer.

La grande réputation des vertus miraculeuses de l'image de Notre-Dame avait attiré la plupart des rois et des reines de France en pèlerinage à Chartres; mais aucun d'eux ne poussa plus loin cette dévotion exagérée que Henri III et Louise de Vaudemont, sa femme. Ils y vinrent seize fois entre les années 1579 et 1586. Un volume entier suffirait à peine pour raconter leurs neuvaines, leurs processions, leurs offrandes et les cierges qu'ils y brûlèrent; nous nous bornerons à citer brièvement quelques faits. Le 24 janvier 1582, la reine vint à pied de Paris à Chartres, faire ses dévotions à la vierge et offrir à l'église plusieurs ouvrages qu'elle avait brodés elle-même. Le 1er février de la même année, le roi vint l'y rejoindre, accompagné de MM. de Guise, d'Aumale, d'Arques, des princes et cardinaux de Vendôme, de Guise et de Joyeuse. Ils étaient venus à pied de Paris en deux jours; la reine et les dames de sa suite en avaient mis sept. La vierge reçut à cette occasion de riches présents. L'année suivante, le duc de Guise y vint passer les fêtes de Pâques et offrir à Notre-Dame deux petits enfants d'argent, en actions de grâce des deux fils qui venaient de lui naître. Mais le plus mémorable de tous les pèlerinages de Henri III, fut celui qu'il fit au mois de mars 1586; nous en empruntons le récit à l'historien du Pays Chartrain.

« Le roi partit à pied des Chartreux de Paris (le 26 mars) pour
» venir en procession à Chartres avec ses pénitents, au nombre
» d'environ quatre-vingts. Il arriva le 28, sur les huit heures du
» soir. La procession était précédée de douze capucins, chacun
» portant un gros flambeau de cire blanche. Le clergé de la ville
» et banlieue fut au-devant jusqu'à Saint-Barthélemy. Ils arrivèrent
» à la cathédrale, où M. de Thou, évêque de Chartres, et le
» chapitre, les reçurent et les conduisirent au chœur. La cérémonie finit à dix heures du soir.

» Le lendemain le roi et toute sa suite, étant toujours en habits
» de pénitents, assistèrent aux offices de la cathédrale. Cette procession repartit le dimanche des Rameaux. »

Au mois de septembre de la même année, la reine vint à Chartres et y fit une neuvaine; le 29 novembre elle y revint avec le roi, et tous deux y restèrent jusqu'au 9 décembre (1).

Après la fameuse journée des Barricades du 12 mai 1588, Henri III quitta Paris, coucha à Rambouillet et arriva à Chartres le 14 au matin. Cette ville devint son séjour le plus habituel, jusqu'à l'ouverture des États de Blois. Ce fut après son arrivée qu'il institua cette foire qui se tient annuellement du 11 au 22 mai et qui a retenu le nom de foire des Barricades.

Les longs et fréquents séjours du roi à Chartres, et les cérémonies bizarres dans lesquelles il jouait le principal rôle, ne lui avaient attiré ni l'amour ni l'estime de la généralité des habitants de la ville. Dès le mois de février 1589, les Chartrains ouvrirent leurs portes au duc de Mayenne; ils se rendirent avec lui à l'hôtel-de-ville, où ils jurèrent et signèrent la Ligue, à laquelle ils restèrent fidèles jusqu'à la dernière extrémité.

Aussitôt après l'assassinat du duc de Guise, la ville s'était déclarée contre le roi et avait reçu dans ses murs les troupes du duc de Lorraine. Le roi de Navarre, allié au roi de France et maître de presque tout le Pays Chartrain, avait inutilement tenté de la faire rentrer dans le devoir. Des soldats qu'il envoyait faire une reconnaissance sur Chartres furent faits prisonniers. Les Ligueurs chassèrent de la ville tous ceux qui étaient de la religion réformée, et leurs maisons furent pillées pour la plupart.

Après son avènement à la couronne, Henri IV tente inutilement de surprendre Chartres. En 1590, il lève le siège qu'il venait de mettre devant Dreux, pour aller à la rencontre des corps d'armée que le duc de Mayenne amenait de Paris, et le 14 mars il gagne la bataille d'Ivry. Cette éclatante victoire eut beaucoup d'influence, dans le Pays Chartrain, sur toutes les villes qui tenaient pour la Ligue et qui ouvrirent bientôt leurs portes au vainqueur. Dreux et Chartres seulement restent fidèles à leur serment et refusent de reconnaître pour roi un prince hérétique. Henri IV ne pouvant obtenir la reddition de Chartres, prend la résolution de mettre le siège devant ses murs. Ce siège est bien certainement le plus mémorable de tous ceux que Chartres ait eu à soutenir; il était com-

---

(1) Doyen, Histoire de Chartres, tome II, pages 87 et 88.

mandé par le roi en personne et par le maréchal de Biron. La ville était défendue par le sieur de La Bourdaisière, son gouverneur, par le sieur de Grammont et divers corps armés. Les habitants avaient tous pris les armes pour suppléer à l'insuffisance de la garnison. L'attaque commença le 11 février 1591; la résistance fut opiniâtre et héroïque. Plusieurs pourparlers furent entamés, mais ils échouèrent toujours, parce que les Ligueurs comptaient sur le secours que le duc de Mayenne devait leur envoyer, et parce que les Chartrains refusaient de se soumettre au roi tant qu'il resterait hérétique. La brèche fut plusieurs fois ouverte, divers assauts furent repoussés avec vigueur. Enfin les habitants, réduits à la dernière extrémité et désespérant de se voir secourus, consentirent à capituler, et le 12 avril, après deux mois de siége, ils acceptèrent les articles proposés par le roi.

Le 20 avril, toute l'armée royale entra dans la ville, sous la conduite du maréchal de Biron. Le même jour, sur les quatre heures du soir, Henri IV y fit son entrée solennelle par la porte Saint-Michel.

Il revint à Chartres le 14 décembre 1592, y réunit les principaux du royaume, pour s'opposer à la bulle par laquelle le pape Clément VIII convoquait les Etats à Paris, afin d'élire un roi catholique qui pût défendre les intérêts de la religion; il en repartit le 23, alla coucher à Nogent-le-Roi, d'où il se rendit à Mantes. C'est encore à Chartres, où il était depuis le 17 février 1593, que Henri IV fit, le 28 du même mois, une déclaration pour opposer à celle du duc de Mayenne qui avait convoqué les États à Paris.

Après avoir solennellement abjuré le protestantisme à Saint-Denis (25 juillet 1593), Henri IV résolut de se faire sacrer; mais Reims, où se faisait ordinairement la cérémonie du sacre des rois de France, était encore au pouvoir de la Ligue. Le conseil du roi l'engagea à se faire sacrer dans l'église cathédrale de Chartres, à cause de la singulière dévotion que ses ancêtres, ducs de Vendôme, y avaient toujours portée comme diocésains et principaux paroissiens. La Sainte-Ampoule, qui avait servi à tous les rois, était aussi au pouvoir des Ligueurs; pour y suppléer on fit venir une autre Sainte-Ampoule, précieusement conservée à l'abbaye de Marmoutiers, près de Tours. Celle-ci renfermait un Saint-Chrême qui avait été descendu du ciel par les anges, pour guérir les blessures de saint Martin. Cette miraculeuse origine, attestée par Sulpice-Sévère, Fortunat, Paulin et Alcuin, est beaucoup plus certaine, prétend l'historien de Thou, que celle de la Sainte-Ampoule de Reims dont ni saint Remi ni Grégoire de Tours n'ont jamais parlé.

Le roi arriva à Chartres le 17 février 1594, et le 27 il fut *oint* et sacré dans la cathédrale, par Nicolas de Thou, évêque diocésain, en présence des pairs ecclésiastiques et laïques, des dignitaires et grands officiers de la couronne et d'une foule immense de seigneurs.

A dater de cette époque, si mémorable pour la ville, Henri IV ne revint plus à Chartres; mais le 31 mai 1610, une cérémonie funèbre eut lieu en son honneur dans cette même cathédrale dans laquelle, seize ans auparavant, on avait déployé tant de luxe et de magnificence pour la cérémonie du sacre. On y déposa, pour y passer la nuit, le cœur du feu roi, que le jésuite Ignace Armand portait à La Flèche. Le gouverneur de la ville, suivi de toute la noblesse du pays, était allé jusqu'à deux lieues au-devant du convoi qu'escortaient MM. de Montbazon et de La Varenne, et que l'évêque, à la tête de son clergé, attendait à l'église Saint-Barthélemy.

Louis XIII fit son entrée solennelle à Chartres le 12 septembre 1611 (1): nous avons déjà dit comment le duché de Chartres était revenu à la couronne en 1623; en 1626, Louis XIII le donna à Gaston d'Orléans, son frère, pour partie de son apanage. Ce prince le conserva jusqu'à sa mort, arrivée en 1660. Louis XIV le fit alors entrer dans l'apanage du duc d'Orléans, son frère, dans la famille duquel il resta jusqu'à la Révolution. On sait que le roi Louis-Philippe porta le titre de duc de Chartres; on sait aussi par qui ce titre fut porté depuis 1815 jusqu'en 1848.

Pendant les deux derniers siècles qui viennent de s'écouler, les annales de la ville de Chartres ne nous offrent que peu d'intérêt; aussi nous terminerons ici ce rapide résumé, dans lequel nous avons seulement fait entrer les évènements les plus mémorables.

---

(1) On montre encore au musée les clés de la ville qui lui furent présentées sur un plat d'argent par les échevins et le corps municipal.

II.

Chartres et ses Monuments.

Des travaux de terrassement, exécutés à diverses époques tant dans l'intérieur qu'à l'extérieur de l'enceinte actuelle, et tout récemment encore pour l'établissement du chemin de fer, ont mis à découvert des médailles de tous métaux et modules, des ustensiles de pierre et de bronze, des statuettes, des poteries de tous genres, qui remontent évidemment soit à l'époque celtique, soit à la période gallo-romaine. Ces objets, déposés en partie au Musée ou conservés dans des collections particulières, sont des preuves irrécusables de la haute antiquité de la ville de Chartres.

Les anciens chroniqueurs, répétés ou paraphrasés par les historiens modernes du pays, prétendent que la population primitive de la principale cité des Carnutes habitait des grottes et des cavernes, dont on retrouve encore des traces nombreuses sur les pentes assez abruptes du coteau dont une partie de la ville moderne occupe la sommité.

Le moine Paul, qui écrivait, dans la seconde moitié du XIe siècle, la première partie du Cartulaire de la célèbre abbaye de Saint-Père, nous dit que la ville de Chartres, extrêmement populeuse, l'une des plus riches de la Neustrie, renommée par la hauteur de ses murailles, la beauté de ses édifices et l'étude des arts libéraux, fut, dans le courant du IXe siècle, prise, pillée, saccagée, renversée de fond en comble et brûlée par les Normands, sous la conduite de Hasting. « Et cette ville aussi, s'écrie-t-il, qui pendant
» dix ans avait été inutilement assiégée par Jules César, et avait
» repoussé les phalanges grecques et romaines fatiguées d'un siége
» aussi long (car elle était fortifiée de murailles construites d'é-
» normes blocs de pierres de taille et défendue par des tours
» élevées, qui l'avaient fait surnommer la Ville-des-Pierres; elle
» avait des aqueducs et des voies souterraines par lesquelles on
» y pouvait introduire toutes les provisions qui lui étaient néces-
» saires); cette ville fut, Dieu l'a permis, ruinée de fond en

CHARTRES

PONT BIAIS A ARCS DROITS,
Faubourg St Maurice.

» comble et livrée aux flammes par une nation payenne... » (1).

Aujourd'hui, on ne retrouve plus de vestiges de cette redoutable enceinte, qui, malgré l'assertion du moine Paul, rappelle le genre de fortifications dont les Gaulois défendirent leurs villes sous la domination romaine, bien plutôt que les clôtures dont les populations celtiques pouvaient protéger leurs bourgades.

Dans une notice publiée dans le cinquième volume des *Mémoires de la Société royale des Antiquaires de France*, M. Bouvet Jourdan, président de la Société d'agriculture de Chartres, décrit des aqueducs souterrains qui amenaient, à l'antique *Autricum*, l'eau des fontaines des villages de Ver et de Morancez, situés à deux lieues de Chartres. Ces conduits sont à fleur de terre, ont environ dix-huit pouces de largeur et sont faits de béton, matière ordinairement employée par les Romains. Il décrit aussi des chemins souterrains qui, partant de Chartres, se divisent en plusieurs branches et s'étendent jusqu'à trois lieues de la ville, vers les villages d'Amilly, de Fontaine-la-Guyon et de Saint-Aubin, près desquels on en voit encore des traces. Ces chemins sont voûtés, construits de gros cailloux et n'ont que deux pieds et demi de largeur. On y remarque aussi de loin en loin des retraites où, deux hommes se rencontrant, l'un peut se ranger pour livrer passage à l'autre. Des médailles des Antonius, de Commode et de Maxime, découvertes dans ces souterrains, témoignent de leur antiquité (2).

Ce sont là les voies souterraines et les aqueducs dont nous parle le moine Paul : on se rappelle que, vers l'an 600, Thierry II, assiégeant Chartres, ne parvint à prendre la ville qu'en coupant l'aqueduc qui y amenait l'eau. Ce fait seul ne suffit-il pas pour indiquer que la ville primitive était sur la hauteur et ne descendait pas, comme aujourd'hui, jusqu'à la rivière ?

Quelques historiens de la localité, entre autres Doyen et Chevard, ont cherché à tracer les limites des différentes enceintes dans lesquelles Chartres fut successivement enfermé ; mais les

---

(1) Cartulaire de l'abbaye de Saint-Père de Chartres, publié par M. B. Guérard, *Titulus Aganonis*, cap. II et IV, tome Ier, pages 4 et 5.

(2) Dulaure, Histoire des environs de Paris, tome Ier, pages 303-304.

renseignements qu'ils donnent à cet égard semblent puisés dans leur imagination plutôt qu'à des sources certaines.

L'enceinte de fortifications dont on voit encore des vestiges, notamment entre les anciennes portes *Drouaise* et Châtelet, fut commencée en 987 par le comte Eudes; longtemps interrompue, elle fut reprise à la fin du XIe siècle et continuée pendant le XIIe. Dans cette enceinte fut comprise l'abbaye de Saint-Père, qui, précédemment, se trouvait hors de la ville. Le plan de ces fortifications représentait assez exactement un arc tendu, dont la corde était baignée par l'un des bras de l'Eure qui traverse la basse-ville dans toute sa largeur. Elles consistaient en une ceinture de murailles fort élevées, appuyées sur un énorme terre-plein et munies de distance en distance de grosses tours rondes bâties comme elles de pierres de blocs. Les sept portes qui donnaient accès dans la ville étaient bâties en pierres de taille. C'étaient la porte Drouaise, qui ouvrait sur la route de Dreux; la porte de Saint-Jean, qui ouvrait sur le faubourg et l'abbaye de ce nom; la porte Châtelet, ainsi nommée à cause du château ou palais des anciens évêques qui était dans son voisinage; la porte des Épars, par laquelle on gagnait les diverses routes de Courville, d'Illiers, de Bonneval, de Blois et d'Orléans; la porte de Saint-Michel, voisine d'une église sous le vocable de ce saint; la porte Morard, du nom de laquelle on n'a pas encore trouvé une étymologie raisonnable, et la porte Guillaume, qui est sur l'emplacement d'un ancien fort de l'évêque et fut bâtie au XIVe siècle par un vidame qui lui donna son nom. Toutes ces portes, plus ou moins mutilées par les siéges des XVe et XVIe siècles, ont successivement disparu avec les vieilles murailles, et depuis quelques années seulement. Il ne reste plus que la porte Guillaume, par laquelle on sort de la basse-ville, et qui est un curieux spécimen de l'architecture militaire du XIVe siècle. Elle s'ouvre dans une grande arcade ogive, flanquée de deux grosses tours rondes réunies par une courtine, le tout couronné d'une galerie saillante de créneaux et de machicoulis. A l'intrados de la voûte on voit encore la coulisse de la herse et l'ouverture par laquelle tombait l'assommoir. A la façade extérieure on remarque les ouvertures par lesquelles jouaient les flèches du pont-levis; et au pied de la tour de droite, une poterne par laquelle sortait la ronde de nuit. Un autre ouvrage qui défendait cette porte a été détruit; ce qui reste encore de cet édifice si remarquable, fut, disons-le en passant, trop longtemps négligé par l'administration municipale, qui n'a pas toujours eu assez de soin de ses monuments historiques.

Depuis que les murailles ont été détruites, on a comblé les fossés qui les entouraient et aplani une partie des remparts. Sur leur emplacement on a planté de longues avenues d'arbres, qui offrent une promenade des plus agréables autour de la ville. Nous engageons le voyageur à faire ce *tour de ville*, qui lui permettra d'envisager Chartres sous tous ses aspects et lui offrira les tableaux les plus pittoresques et les plus variés.

Nous avons déjà fait remarquer, au commencement de cette notice, que Chartres, débordant ses anciens remparts, semblait se porter du côté de la grande route de Paris et de l'embarcadère du chemin de fer de l'Ouest. Ce nouveau quartier n'a pas besoin d'être décrit. L'ancienne ville, dans laquelle nous allons entrer, occupe l'extrémité du plateau qui termine les plaines de la Beauce, suit la dépression assez escarpée de ce plateau et s'étend dans la vallée que traverse la rivière d'Eure. Elle se trouve ainsi divisée en haute et basse-ville. C'était, avant la révolution de 1789, l'une des villes de France qui renfermait le plus d'édifices religieux. Principal sanctuaire du culte enseigné par les Druides, elle semblait être devenue un des centres principaux de la religion catholique. Indépendamment de sept églises paroissiales qui étaient : l'église collégiale de Saint-André, les églises de Saint-Aignan, de Saint-Martin-le-Viandier, de Sainte-Foi, de Saint-Saturnin, de Saint-Hilaire et de Saint-Michel, elle comptait plusieurs autres églises et chapelles collégiales, parmi lesquelles nous nommerons celles de Saint-Piat et de Saint-Nicolas. A l'intérieur et à l'extérieur des murailles s'élevaient de nombreux et riches monastères, dont le plus célèbre était l'abbaye de Saint-Père, de l'ordre de Saint-Benoît. Venaient ensuite l'abbaye de Saint-Jean-en-Vallée, l'abbaye de Saint-Cheron et l'église paroissiale de Saint-Barthélemy; le prieuré de Saint-Martin-au-Val, les couvents des Jacobins, des Cordeliers, des Minimes, de Saint-Jean, des Filles-Dieu, des Carmélites, de la Visitation, des Ursulines, des Filles de la Providence, sans compter les maladreries, et beaucoup d'autres établissements religieux qu'il serait trop long d'énumérer. Au milieu de tous ces bâtiments consacrés à Dieu, s'élevait l'immense cathédrale, qui les dominait tous, tant par la magnificence de sa splendide architecture que par sa suprématie ecclésiastique et diocésaine. Aujourd'hui une grande partie de ces édifices, parmi lesquels il y en avait des plus curieux et des plus remarquables, a entièrement disparu du sol; une autre partie, horriblement mutilée, a été appliquée à des usages profanes; pas un seul n'est sorti intact de la tourmente révolutionnaire et des appropriations maladroites de notre XIXe siècle. La ville ne compte plus aujourd'hui que trois paroisses : l'une a été établie dans l'église de Notre-Dame, qui n'avait été jusque-là que cathédrale; la seconde a été maintenue à Saint-Aignan, et la troisième établie dans l'église abbatiale de Saint-Père, désignée actuellement sous le vocable de Saint-Pierre.

Malgré toutes les destructions et les mutilations que nous venons d'indiquer, Chartres n'en est pas moins resté une des villes qui renferment les plus beaux et les plus gracieux monuments de notre histoire. « Chartres est une de ces villes que la coquet-» terie de notre siècle a beaucoup de peine à rajeunir; c'est un » des lieux de France où la physionomie des temps passés existe » encore dans sa plus intéressante originalité » (1). Ses édifices romans et gothiques, sa vieille porte crénelée, ses murailles et ses tours à demi-ruinées, ses rues étroites et tortueuses au pavé désobligeant, ses ruelles escarpées qu'adoucissent en vain des escaliers perfides, ses vieilles maisons aux pignons aigus, aux poutres historiées que le crépit et le badigeon tentent inutilement de rajeunir, rappelleront longtemps encore le souvenir de la puissance féodale des comtes, des évêques et du puissant abbé de Saint-Père.

De cette même place Châtelet, où nous avons été arrêté si longtemps par tous ces détails historiques, pénétrons enfin dans l'intérieur de la ville : servons de *cicerone* au voyageur étranger qui n'aura peut-être pas, comme nous, le bonheur de connaître des habitants instruits et spirituels, assez obligeants pour le guider

---

(1) Annuaire statistique du département d'Eure-et-Loir, 1841, page 5.

dans l'inextricable dédale des rues tortueuses de l'ancienne cité des Carnutes et de la vieille capitale de la Beauce.

La rue qui s'ouvre devant nous est celle du Bœuf-Couronné, aboutissant au carrefour de Sainte-Foi ; en face, c'est la rue Sainte-Même, l'une des plus aristocratiques de toutes ; à droite, la rue Colin-d'Harleville conduit à l'hôtel de la Préfecture, édifice qui n'offre rien de remarquable, et au Théâtre, pratiqué dans l'ancienne église Sainte-Foi, rendue méconnaissable par cette nouvelle appropriation. Presque en face de la Préfecture, vous remarquerez une ancienne maison à pignon sur rue : au-dessus de la porte d'entrée, dont les jambages sont décorés de sculptures d'un goût fort équivoque, on lit cette inscription au sens ambigu, qui rappelle ces devises si souvent gravées sur les maisons de la fin du XVIᵉ siècle :

VALAT QV DISSIDIV
VOLVNT

Était-ce la demeure d'un procureur qui souhaitait la bienvenue aux plaideurs, ses clients ; était-ce la modeste retraite d'un bourgeois pacifique qui maudissait les chercheurs de noise ?

Revenons maintenant au carrefour Sainte-Foi et prenons la rue que nous avons laissée à gauche, la rue du Cheval-Blanc, si remarquable par ses lignes de maisons à ressauts, à poutres apparentes et à pignons aigus, par ses maisons de pierre à baies multilobées, et par ses portes élégamment sculptées, spécimens variés des habitations des XVIᵉ et XVIIᵉ siècles. A droite, c'est ce singulier passage de l'Étroit-Degré, qui vous fait monter dans la rue de ce nom. Plus loin, vous avez à gauche la rue de Beauvais, dite autrefois de Beau-Voir, qui conduisait jusqu'à la campagne et offrait, dit-on, une vue magnifique, d'où lui vint son nom. Faites quelques pas dans cette rue, retournez-vous, et vous pourrez contempler dans toute sa splendeur l'élégante flèche qui surmonte la tour nord du portail occidental de la cathédrale. La rue mérite encore de reprendre son ancien nom. En face, c'est la rue du Marché-à-la-Filasse, l'une des plus larges peut-être, mais aussi la plus mal pavée de la ville. Lorsque vous y aurez fait quelques pas et que vos pieds trop délicats commenceront à s'endolorir au contact de ces aspérités brutales, vous commencerez à comprendre pourquoi les Chartrains usent généralement plus de sabots que d'escarpins.

Là cependant, plusieurs établissements doivent fixer votre attention. Vous avez à votre gauche la Manutention des vivres militaires. C'était dans ces bâtiments que siégeait autrefois la justice de l'église de Chartres, réunie à la manse capitulaire par l'évêque Guillaume de Champagne, vers 1174. Indépendamment de son tribunal, le chapitre avait aussi dans cette même enceinte ses prisons et ses greniers : on les nommait la justice, les prisons et les greniers de Loëns. En 1526, le poète Clément Marot fut enfermé dans ces prisons par l'ordre de l'évêque Louis Guillard. Au fond de la cour, on remarque un grand édifice dans lequel on descend par un long escalier; à l'intérieur il offre trois grandes nefs soutenues et séparées par deux rangées de colonnes surmontées d'élégants chapiteaux. Suivant une tradition, aussi douteuse que toutes les traditions populaires, c'était dans ce vaste *magasin* qu'on célébrait le service divin pendant la reconstruction de la cathédrale actuelle. Depuis quelque temps on y a établi les fours de la Manutention.

En sortant, vous laissez à gauche la rue des Lices, où était autrefois le champ-clos des duels judiciaires, puis, entre la rue des Trois-Flacons et la rue de Muret, qui descend jusqu'à la porte Drouaise, si célèbre dans les annales militaires de la ville, vous rencontrez le Grand-Séminaire, construit sur l'emplacement où étaient le four et les jardins de l'évêque.

En face du Grand-Séminaire, dans des bâtiments dépendant de l'Évêché, est établie provisoirement la Bibliothèque publique de la ville, composée de plus de 31,000 volumes, dont près de 1,000 manuscrits. Cet établissement est formé en grande partie des débris des bibliothèques des nombreux couvents et monastères qui existaient dans la ville avant la révolution. Les ouvrages qu'il renferme sont relatifs à l'histoire, aux sciences, aux arts, aux belles-lettres, à la théologie et à la jurisprudence. Il est administré gratuitement par dix bibliothécaires qui font alternativement le service, et est ouvert trois fois par semaine, le lundi, le mercredi et le vendredi, depuis onze heures et demie du matin jusqu'à trois heures du soir.

Sur le côté droit de la rue du Marché-à-la-Filasse, s'ouvrent deux passages, dont l'un est encore muni d'une baie de porte cintrée : tous deux vous conduisent dans le cloître Notre-Dame, et vous abordez la cathédrale soit par le clocher neuf, soit par le portail septentrional.

La Cathédrale. — La cathédrale de Chartres est sans contredit l'un des plus imposants, des plus vastes, des plus beaux et des plus curieux édifices religieux qui soient non-seulement en France, mais encore dans tout le monde chrétien. Elle occupe le point culminant de la ville, qu'elle domine majestueusement de toute la hauteur de ses combles de bronze, de ses puissantes tours, de ses pinacles aigus et de ses flèches élancées. Son origine se perd dans l'obscurité et l'incertitude qui enveloppent l'établissement du christianisme dans le Pays Chartrain. L'histoire chronologique de sa construction actuelle est presque totalement inconnue ; elle ne se compose en grande partie que de traditions mensongères et de récits erronés, sans cesse démentis par l'étude, même superficielle, de son architecture. Laissant de côté tous ces récits merveilleux, contre lesquels nous ne saurions nous élever assez, nous nous bornerons à citer quelques dates, à rapporter quelques faits puisés dans les historiens les plus dignes de foi et dont l'authenticité ne peut être révoquée en doute.

L'église Notre-Dame de Chartres, quelle qu'elle fût d'ailleurs à cette époque, avait été, avec toute la ville, brûlée par les Normands en 858 ; rebâtie par l'évêque Gislebert, elle fut encore brûlée en 962, pendant la guerre que le comte Thibault-le-Tricheur eut à soutenir contre Richard, duc de Normandie. Un troisième incendie, que l'on attribue au feu du ciel, la dévora en l'an 1020. Ce fut alors que l'évêque Fulbert, aidé des secours du roi de France, des princes et des barons du royaume, des souverains de l'Europe et du concours des habitants de la ville, du diocèse et même des provinces éloignées, jeta les fondements d'une cathédrale qui devait surpasser en grandeur, en luxe et en magnificence toutes celles qui l'avaient précédée. Mais en 1029, la mort vint interrompre Fulbert ; les cryptes étaient terminées et les murailles sorties de terre : il laissait trois années de son revenu pour aider à l'accomplissement de l'œuvre commencée. Les travaux continués par ses successeurs duraient encore en

1145. A cette époque, Hugues, archevêque de Rouen, écrivait à Théodoric, évêque d'Angers, et décrivant le zèle des habitants du Pays Chartrain pour l'achèvement de leur église, il lui disait que des hommes de tout rang et de tout âge s'y livraient aux travaux les plus pénibles, traînant les charrettes et transportant les matériaux; que des confréries de pèlerins se relayaient de village en village, sous la direction de chefs plus expérimentés. On travaillait encore pendant la seconde moitié du XIIe siècle, car sur l'une des lucarnes à pignons aigus qui couronnent la tour du sud, à la façade occidentale, on lit avec le mot Harmaindus, probablement le nom du sculpteur, la date 1164. La belle pyramide de pierre qui s'élance du milieu de cette tour a donc nécessairement été construite postérieurement à cette époque. Quoi qu'il en soit, la nouvelle cathédrale était à peine terminée au bout de cent soixante-quatorze ans, quand, vers la fin de juin 1194, un nouvel incendie éclata qui la réduisit en cendres, à l'exception des cryptes et de la façade occidentale presque entière. Ce fut sur les ruines occasionnées par ce dernier sinistre que, à l'exception des parties que nous venons de nommer, s'éleva la magnifique cathédrale que nous admirons aujourd'hui et qui fut consacrée, en 1260, par Pierre de Mincy, évêque diocésain.

Telles sont les dates principales fournies par l'histoire; donnons maintenant celles des diverses parties de l'édifice, indiquées par les différents caractères de son architecture et justifiées souvent par des renseignements positifs.

Les cryptes, dites *l'église souterraine*, remontent au XIe siècle. La façade occidentale, presque tout entière, avec ses trois portes, ses trois grandes fenêtres, sa grande rose, ses deux tours et sa flèche méridionale, appartient au XIIe siècle; mais la partie supérieure de cette façade fut faite au XIIIe. Pendant le XIIIe siècle on construisit la grande nef, les transsepts avec leurs porches, le chœur avec les collatéraux et les chapelles qui l'entourent. Le XIVe siècle acheva la sculpture et l'ornementation des porches latéraux, construisit la sacristie et la grande chapelle de Saint-Piat. Au XVe siècle on détruisit la belle harmonie de la nef en lui imposant la chapelle dite de Vendôme. Le XVIe siècle gothique suréleva la tour septentrionale de la grande façade et la couronna de sa haute et délicate pyramide de pierre. Le XVIe siècle de la renaissance construisit, au pied de cette même tour, l'édicule qui renferme l'horloge. Le XVI⁵ siècle encore fit la clôture du chœur et commença sa délicieuse ornementation que le XVII⁵ acheva et que le XVIII⁵ mutila. Enfin, le XIX⁵ siècle remplaça, par une charpente de fer et une toiture de cuivre, la charpente de bois et la couverture de plomb détruites par l'incendie de 1836.

Examinons en détail les diverses parties de cette merveilleuse cathédrale, dont nous ne pouvons offrir qu'une description sommaire, limité par le temps et circonscrit que nous sommes dans un étroit espace.

Commençons, comme il est naturel de le faire, par les cryptes de Fulbert, vulgairement appelées l'*Église sous-terre*. Ces cryptes immenses, les plus grandes qui existent, occupent les deux bas-côtés de la grande nef de l'église supérieure, traversent les transsepts et circulent tout autour du sanctuaire, sous lequel est creusée une autre crypte, divisée en nombreux caveaux dans lesquels, en temps de guerre, on cachait les reliques et les trésors de la cathédrale. On descend dans cette mystérieuse église par cinq grands escaliers, ouverts sous chacune des tours de la façade occidentale, près de chacun des porches latéraux, et près de la sacristie. Ces longues nefs souterraines sont percées de fenêtres; les parois de leurs murailles, leurs voûtes d'arête étaient couvertes de peintures de toutes les époques, presque entièrement effacées aujourd'hui par l'humidité, par le vandalisme et surtout par l'incurie. Dans la nef qui fait le tour du sanctuaire, il y a treize chapelles qui, avant la révolution, étaient peintes, décorées et dans lesquelles on officiait. La plus remarquable de toutes était celle de la Vierge, le but de tous les pèlerinages, le dépôt général de tous les *ex-voto*. Nous passons sous silence le *puits des Saints-Forts* et les légendes merveilleuses qui s'y rattachent; nous ne parlerons pas des basses fosses, des saloirs, du caveau où l'on enfermait les chiens gardiens de l'église; mais nous signalerons une pierre sépulcrale gallo-romaine déposée près de l'une des entrées, et qui a été trouvée dans le cimetière de l'ancienne chapelle Saint-Jérôme, située dans le jardin actuel de l'évêché et démolie en 1703. Nous signalerons aussi à l'attention des archéologues, dans la nef du sud, un très-beau font baptismal de la fin du XI⁵ siècle. Il se compose d'une cuve en cône tronqué et renversé, cantonnée de quatre colonnettes dont les fûts décorés de cannelures verticales garnies de perles, se terminent par des chapiteaux byzantins d'une grande élégance. Le tout est supporté sur un socle carré. De chaque côté on remarque les bancs de pierre destinés aux catéchumènes. Dans une des grandes salles pratiquées sous les transsepts, on a déposé des bas-reliefs et des statues qui décoraient autrefois le jubé de l'église supérieure. Ces débris intéressants ont été tout récemment déterrés par les soins de M. Lassus, architecte de la cathédrale.

La façade occidentale, avec les deux grosses tours carrées qui l'accompagnent et supportent les clochers, présente une largeur totale d'environ 50 mètres (150 pieds). D'après les divers historiens de cette église, la hauteur du *clocher vieux* (celui du sud) serait de 342 pieds et celle du *clocher neuf* (celui du nord) de 378; mais les travaux des officiers d'état-major chargés de dresser la carte de France, travaux recueillis par l'Annuaire du Bureau des Longitudes, réduisent la hauteur du clocher neuf à 113 mètres 1 décimètre (348 pieds 2 pouces). La hauteur du clocher vieux doit être réduite proportionnellement (1).

La façade occidentale est de la même largeur que chacune des deux tours dont elle est flanquée. Trois grandes portes, précédées d'un perron de six degrés et donnant entrée dans la nef centrale, la divisent en trois parties égales. Ces portes sont pratiquées sous de profondes voussures en ogive, décorées de colonnes, de statues, de rinceaux élégants et d'ornements variés à l'infini. Celle du milieu, dite la *porte royale,* offre sur son tympan le Christ entouré des figures symboliques des quatre évangélistes : au-dessous du Sauveur et sur une même ligne, sont rangés quatorze prophètes. Sur le cordon inférieur de la voussure sont des anges tenant des astrolabes; sur les autres sont groupés les vingt-quatre vieillards de l'Apocalypse, tenant des coupes et des instruments de musique. Aux deux côtés de la porte, s'élèvent sur des colonnes richement

---

(1) D'après le plan de M. Lassus, la hauteur du clocher neuf est de 113 mètres 60 cent. (350 pieds) depuis le pavé jusqu'aux bras de la croix : celle du clocher vieux est de 105 mètres 20 cent. (324 pieds). La différence entre les deux clochers est donc de 8 mètres 40 centimètres.

ornées, de longues et étroites statues représentant des rois, des reines et des saints, nimbés et couverts de draperies qui laissent entrevoir des vêtements de riches étoffes.

Le tympan de la porte à droite représente plusieurs scènes de la vie de la Vierge; les parties latérales et les voussures sont également décorées de colonnes et de statues. Au tympan de la porte à gauche est encore figuré le Christ environné des quatre anges de l'Apocalypse. Des figures grotesques de monstres et d'animaux grimpent sur le fût des colonnes latérales ou rampent sur les voussures, dans lesquelles sont figurés les signes du zodiaque et les travaux des différents mois de l'année. Toutes les statues qui décorent ces trois portails, les colonnes qui les supportent et les ornements qui les accompagnent, sont d'un travail très remarquable appartenant à la plus belle époque du XIIe siècle. On doit aussi remarquer les chapiteaux historiés des colonnes et les bas-reliefs qui tapissent les parties basses des chambranles et représentent des scènes du nouveau Testament.

Au-dessus de ce triple portail, dont elles sont séparées par une corniche à modillons, s'ouvrent trois grandes fenêtres en ogive, correspondant à chacune des portes. Plus haut, c'est une splendide rose à compartiments circulaires. Vient ensuite une galerie à jour, qui communique d'une tour à l'autre, et au-dessus de laquelle règne une série de seize niches, garnies de statues de rois, la couronne en tête et le sceptre en main. Enfin la façade est terminée par le grand pignon, sur la pointe duquel est posée une colossale statue du Christ bénissant; sur le gable du pignon est une représentation de la Vierge assise et tenant l'enfant Jésus, entre deux anges agenouillés.

Les deux tours, par leur nudité absolue, contrastent singulièrement avec la riche décoration de cette façade. Elles présentent entre elles des différences assez notables dans la disposition de leurs contreforts, de leurs ouvertures, et dans leur élévation. Celle du sud, qui est la plus pure et la mieux construite, offre, au-dessus des ogives de son premier étage, deux doubles baies simulées à plein cintre que l'on ne retrouve pas sur la tour du nord. Elle s'élève jusqu'à la naissance de la galerie royale, et là elle est couronnée de lucarnes à pignons très aigus, du milieu desquels s'élance une magnifique pyramide octogone, entièrement construite de pierre et terminée par une croix de fer. C'est le vieux clocher, qui remonte à la seconde moitié du XIIe siècle. La tour du nord s'élève jusqu'aux deux tiers de la galerie royale. Elle avait été terminée par une flèche de charpente couverte de plomb, qui fut consumée par le feu du ciel, le 27 juillet 1506. Le chapitre se détermina alors à la faire reconstruire en pierre; Louis XII donna 2,000 livres pour cette réparation, l'évêque René d'Illiers y consacra une somme considérable, et le cardinal Georges d'Amboise accorda des indulgences à tous ceux qui voudraient y coopérer. Les travaux, confiés à Jean Texier, dit de Beauce, architecte chartrain, furent commencés en 1507 et terminés en 1514. Jean Texier exhaussa la tour de deux étages du plus beau gothique fleuri : puis, d'une forêt de pignons aigus, de pinacles et de clochetons à jour, il fit jaillir cette admirable flèche de pierre toute hérissée de crosses végétales, qui semble posée là pour établir le parallèle entre les premiers élans de l'art gothique naissant au XIIe siècle, et le dernier et vif éclat qu'il jetait avant d'expirer dans la seconde moitié du XVIe.

En 1691, un vent impétueux ébranla la pointe de cette flèche et la fit incliner de trois à quatre mètres : elle fut rétablie en 1692 en pierres de Vernon, par Claude Augé, sculpteur lyonnais, qui l'éleva de quatre pieds plus haut qu'elle n'était déjà.

Depuis la clôture du cloître Notre-Dame, en 1270, le chapitre était obligé d'entretenir deux guetteurs de nuit, chargés de sonner le tocsin et de signaler les incendies qui se déclaraient soit en ville, soit dans les campagnes environnantes. Ces guetteurs veillaient dans le clocher neuf, en une chambre qui leur était spécialement affectée. Ils sont encore aujourd'hui entretenus aux frais de la ville, et il suffit de passer une nuit à Chartres, dans les environs de la cathédrale, pour être éveillé en sursaut par le cri de *repos*, qu'ils jettent d'un ton lamentable, pour témoigner de leur vigilance, à chaque fois que l'heure sonne.

Lorsque Jean de Beauce eut achevé la construction de cette belle pyramide, on incrusta dans le mur occidental de la chambre de la sonnerie, une pierre blanche contenant six quatrains destinés à perpétuer le souvenir du désastre de 1506 et l'histoire de la construction nouvelle. Voici cette inscription gravée en caractères gothiques anguleux, qui a été respectée par le terrible incendie de 1836, et qu'on lira avec d'autant plus d'intérêt qu'elle est un monument historique et littéraire tout à la fois.

je . fu . jadis . de . plomb . et . boys . construit ..
grant . hault . et . beau . de somptueux . ouvraige.
jusques . ad . ce . que . tonnerre . et . oraige.
ma . consume . degate . et . destruit ..

le jour . sainte . anne . vers six . heures . de . nuyt..
en . lanee . mil . cinq . cens . et . six.
je . fu . brule . de . moly . et . recupt.
et . avec .. moy . de . grosses . cloches . six

apres . messieurs . en . plain . chappitre . assis ..
ont . ordonne . de ... pierre . me . reffaire.
a grant . voultes .. et . pilliers . bien . massifs
par . jehan . de beausse . macon . qui . le sut . faire.

lan dessu dist . apres .. pour . leuvre . faire.
assouar firent . le . vint . quatriesme . jour..
du moys de . mars . pour . le . premier .. affaire...
premiere . pierre . et . aultres . sans .. ce . jour...

et . en . avril . huitiesme .. jour . expres...
rene . dilliers .. evesque . de ... regnon...
pardist . la . vie ... au . lieu . du . quel ... apres.
feust . erard . mis ... par . postulacion.

en . ce . temps . la . que ovoys . nicessite.
avoit . des gens . qui pour moy lors veillovent.
du bon . du . cœur . feust . yver . ou . este ..
dieu . le . pardont . et . a . ceulx . qui . sy . emploYent.

1506.

Ce fut sur ce portail occidental, unique débris échappé au désastreux incendie de 1194, que le XIIIe siècle enta son immense cathédrale, sur les parties latérales de laquelle il déploya toute sa magnificence et qu'il couvrit presqu'en entier de sa magique et savante ornementation. De puissants contreforts soutiennent les murs des collatéraux et supportent de triples arcs-boutants en forme de section de roue, dont les rayons sont des colonnettes réunies par de légers arceaux, destinés à neutraliser la poussée des voûtes de la grande nef, du chœur et de l'abside. Leur masse, diminuée en raison de sa hauteur, offre, sur la face et sur les flancs, des niches peuplées d'intéressantes statues. Une légère balustrade, découpée à jour à compartiments en ogive, borde les combles, se relie aux transsepts, longe le chœur, entoure l'abside et permet de faire une course aérienne autour de l'édifice. Mais c'est principalement sur les portails latéraux que l'architecte a semblé se venger de n'avoir pas eu à construire le portail de l'occident, qui, dans les cathédrales gothiques, est habituellement le plus grand et le plus beau.

A l'extrémité de chacun des bras de la croisée, s'élèvent deux magnifiques portails, précédés de porches en avant-corps, qui font monter à trois le nombre des portails de Chartres, tandis que les autres cathédrales n'en ont ordinairement qu'un, celui de l'ouest. Le portail du midi s'élève sur un perron de dix-sept degrés : il est précédé d'un porche à triple portique et divisé en deux nefs, soutenu sur des massifs tapissés de statues ou de bas-reliefs, et sur des faisceaux de colonnes dont les fûts élancés sont généralement d'une seule pierre. Des pignons richement décorés de fleurs et de statues surmontent ces trois portiques; l'intervalle qui les sépare est rempli d'une série de niches qui fait retour sur les parties latérales et qu'animent aussi de nombreuses statues. Dans le fond, sous de profondes voussures, s'ouvrent trois grandes portes avec des trumeaux et des tympans, le tout aussi orné, aussi peuplé de figures qu'il est possible de l'imaginer. Au-dessus du porche, sur une même ligne, sont cinq grandes fenêtres, et plus haut, une rose rayonnante couronnée d'un pignon que flanquent deux tourelles octogones et au toit pyramidal, reliées entre elles par une balustrade à jour. De chaque côté s'élève une tour carrée terminée par une plate-forme. Le portail du nord présente à peu près les mêmes dispositions quant au plan, mais il est d'un goût plus sévère et d'un mérite supérieur.

A la naissance de l'abside, sont deux autres tours carrées,

à peu près semblables à celles des portails latéraux. Ces six tours, dans l'origine, devaient être surmontées de flèches comme les deux tours de l'occident ; une autre flèche se serait élevée sur le point d'intersection de la nef et des transsepts. Qu'on juge de l'aspect qu'aurait offert la cathédrale si toutes ces flèches eussent été construites.

A l'extérieur de la cathédrale seulement, sans compter les figures de pure ornementation, les arabesques, les gargouilles, les corbeaux, les consoles, les mascarons, dix-huit cents figures historiques, hautes de huit pieds à huit pouces, se dressent sur les colonnes, sur les massifs, sur les trumeaux, sont posées dans des niches, accrochées aux piliers-butants, rampent sous les voussures ou tapissent les tympans et les murailles. Deux mille sont disséminées à l'intérieur, particulièrement autour du chœur, cinq mille sont peintes sur les vitraux et forment un total de neuf mille figures sculptées et peintes. Ces neuf mille figures sont destinées à mettre en action toute l'histoire de la religion chrétienne, depuis la création jusqu'à la fin du monde, à donner au peuple un enseignement à la fois historique et moral. Ici, c'est l'ancien Testament, là c'est le nouveau, plus loin c'est la personnification de toutes les vertus religieuses et civiques que l'homme doit pratiquer, ce sont les vices qu'il faut éviter ou corriger, représentés sous les traits les plus grotesques et les plus hideux. Une cathédrale comme celle de Chartres était un livre immense que l'intelligent moyen-âge avait ouvert et mis à la portée de tous. Le noble comme le vilain, le bourgeois comme l'artisan s'instruisaient forcément, en quelque sorte, en le contemplant à l'extérieur ; à l'intérieur les grandes verrières peintes offraient aux yeux des fidèles les figures de l'évangile et les actes de la vie des saints, que le prêtre commentait du haut de sa chaire.

Une chose nuit à l'effet général de l'édifice et empêche de pouvoir le considérer sur toutes ses faces, c'est l'exiguité de la place sur laquelle il est situé. D'un côté c'est l'évêché, de l'autre ce sont d'assez laides maisons qui empêchent de faire le tour de l'abside. Enfin, sur les flancs de la nef, d'ignobles baraques, construites entre les piliers-butants, le déshonorent autant qu'elles nuisent à sa conservation. Il est incompréhensible que l'administration municipale, que la fabrique, que l'État même ne prennent aucune mesure pour faire disparaître ces hideuses superfétations.

Pénétrons maintenant dans l'intérieur.

Le plan général offre une croix latine dont le sommet se termine en hémicycle. Voici, d'après les anciens historiens, les principales dimensions que nous n'avons pas été à même de vérifier.

« La longueur totale de l'édifice dans œuvre est de 396 pieds
» sur 101 pieds de largeur (d'un mur à l'autre de la nef); et la
» hauteur est de 106 pieds sous la clef de la voûte. La longueur
» de la nef, depuis la porte principale jusqu'au milieu du pre-
» mier pilier du chœur, est de 224 pieds. La largeur de chacun
» des bas-côtés est de 20 pieds et leur hauteur de 48. La croisée
» (ou transsept) a de longueur d'un porte à l'autre, 185 pieds sur
» 36 de largeur; elle est accompagnée de deux bas-côtés. » (1)

La nef ne commence réellement qu'après les deux tours des clochers, qui paraissent avoir été autrefois *hors d'œuvre* et ne furent mises dans l'intérieur qu'après l'incendie de 1194. Les ouvertures pratiquées sur ces deux tours, les traces d'arrachement que l'on retrouve à leurs angles et plusieurs autres indices semblent prouver la validité de cette assertion. La nef, disons-nous, est formée de sept travées ogivales; le transsept en comporte deux, le chœur et le sanctuaire sept, en tout seize travées. Les piliers qui supportent les arceaux sont de grosses colonnes rondes, cantonnées de quatre colonnes à demi engagées, reposant sur des bases carrées et terminées par des chapiteaux formés de deux rangs de crosses végétales. Au-dessus de ces arceaux, dans toute la largeur de la nef centrale, du transsept, du chœur et autour du sanctuaire, règne une galerie étroite, dont les arcatures ogivales retombent sur des colonnettes à chapiteaux feuillagés et au tailloir carré. Au-dessus de cette galerie, l'édifice est éclairé par de grandes fenêtres en lancettes géminées, surmontées d'une rosace multilobée, garnies de magnifiques vitraux et correspondant à chacune des arcades inférieures. Les nervures diagonales des voûtes, au point d'intersection desquelles est une large clef

---

(1) Ces mesures sont celles données par Doyen

richement sculptée, retombent sur des faisceaux de colonnettes qui jaillissent du tailloir des colonnes inférieures jusqu'à moitié de la hauteur des fenêtres, où elles se terminent par d'élégants chapiteaux.

Les collatéraux de la nef et du transsept offrent à peu près la même disposition, mais dans la proportion et les exigences de leur dimension. Le collatéral du chœur et du sanctuaire est double : rien n'est élégant et beau comme les puissantes colonnes rondes ou polygones qui supportent les retombées de la double voûte ; de leurs larges bases s'élancent des fûts ornés d'admirables chapiteaux desquels sortent, en s'épanouissant, les nervures à tores arrondis qui vont se réunir aux rosaces des clefs.

Comme on l'a déjà vu, la chapelle de Vendôme est placée entre le cinquième et le sixième pilier-butant du collatéral méridional. Elle fut fondée en 1413 par Louis de Bourbon, comte de Vendôme, pour l'accomplissement d'un vœu qu'il avait fait à la Vierge pendant qu'il était violemment retenu dans les prisons de Jacques, comte de la Marche, son frère. Ce petit sanctuaire est éclairé par une large fenêtre dans le style flamboyant, dont les réseaux capricieux sont garnis de délicieuses peintures sur verre.

A l'extérieur, deux statues de grandeur naturelle représentent Louis de Bourbon et Jeanne de Roucy, sa femme, en costume du temps. Quoique placée d'une façon malencontreuse et qui vient troubler la belle harmonie de la nef, la chapelle de Vendôme n'en est pas moins un charmant spécimen de l'architecture religieuse du XVe siècle. Aujourd'hui elle a presque perdu son premier nom ; c'est la chapelle des Martyrs, depuis qu'on y a déposé, dans un sarcophage d'ébène, les reliques des saints, dispersées pendant les fureurs révolutionnaires et recueillies après le rétablissement des églises et du calme. Sur l'autel, on remarque un magnifique reliquaire byzantin, en bronze émaillé et richement sculpté.

Cinq chapelles polygones ou semi-circulaires, du plus heureux effet, rayonnent autour du sanctuaire. La plus grande et la plus remarquable est celle du chevet, à l'entrée de laquelle s'élèvent deux statues modernes en marbre blanc, représentant le Christ et la Madeleine. Elle est consacrée aux saints apôtres, mais on lui donne aussi le nom de *Chapelle de la Communion* et des *Chevaliers*. C'est dans cette chapelle que le célèbre Bureau de la Rivière, chambellan de Charles V, de retour de son expédition en Chypre, fonda, avec ses compagnons d'armes et en honneur de la Vierge, une messe en actions de grâces des victoires qu'ils avaient remportées sur les infidèles et des dangers qu'ils avaient courus. Au nord du chœur, la première travée du double collatéral est occupée par une autre chapelle où se voit la statue de cette *célèbre Vierge-Noire-du-Pilier* qui, depuis si longtemps, est le but de tant de pèlerinages. On dit que cette statue, en bois noir et peinte des plus riches couleurs, est une œuvre très-remarquable du commencement du XVIe siècle ; mais il est difficile d'en juger sous les costumes variés et sous les dentelles dont elle est constamment affublée par la dévotion des fidèles.

La magnifique clôture du chœur et du sanctuaire fut commencée, vers l'an 1514, sur les plans et les dessins de ce même Jean de Beauce, qui venait d'élever la flèche du clocher septentrional. Cet inimitable artiste, toujours aidé de ses habiles compagnons, travailla lui-même à l'exécution de cette nouvelle œuvre jusqu'en 1529, époque à laquelle la mort vint le surprendre. Le Chapitre reconnaissant lui fit faire de magnifiques funérailles et lui donna un tombeau dans l'église collégiale et paroissiale de Saint-André. Les deux premières travées, à droite et à gauche de l'entrée du chœur, étaient seulement élevées, avec leur riche architecture gothique et les nombreuses statues qui forment les scènes historiques des niches supérieures. Après la mort de Jean de Beauce, ses plans et ses dessins primitifs, si toutefois ils étaient faits, ne furent plus suivis. Le reste de la clôture fut continué dans le style de la renaissance, et ne fut achevé qu'en 1539, à l'exception de l'imagerie des niches, qui ne le fut qu'en 1706. Parmi les artistes qui coopérèrent à l'achèvement de cette statuaire, nous pouvons citer Boudin, sculpteur orléanais, dès 1611, et deux sculpteurs chartrains, Dieu et Legros, qui y travaillaient en 1681. Leurs noms sont écrits en bas de leurs œuvres sur des plaques de marbre noir. En 1697, au rapport de V. Sablon, onze tableaux restaient encore à faire.

Cette immense et curieuse imagerie est placée à la partie supérieure de la clôture, dans des niches larges et profondes, bordées d'élégantes draperies et couronnées d'une forêt d'aiguilles et de

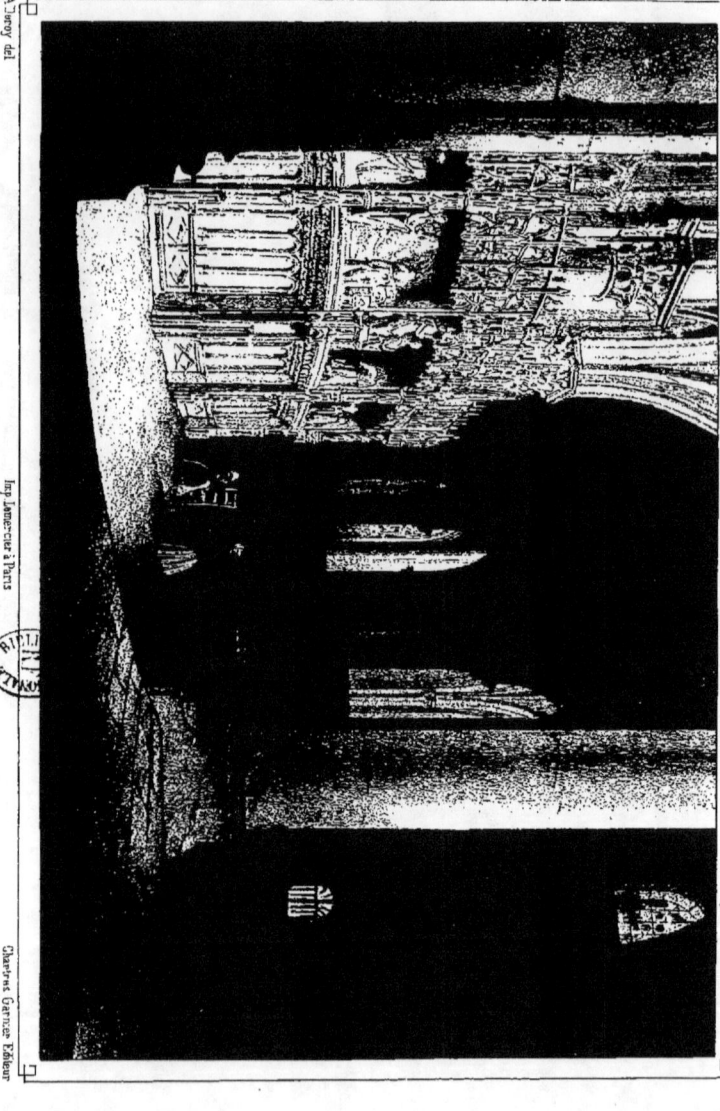

CHARTRES.

TOUR DU CHŒUR DE LA CATHÉDRALE

gracieux clochetons. Elle est divisée en quarante-un tableaux, de haut et bas relief, représentant différents épisodes de la vie de la Vierge et du Christ, depuis leur naissance jusqu'à leur mort et à leur résurrection. Les piliers qui servent de séparation à chaque trait d'histoire, sont chargés de statuettes. Les murailles, qui supportent ces différents groupes, sont, dans la partie gothique, décorées de légères arcatures ogivales ; elles sont percées de portes élégantes qui donnent accès dans les chambres et chapelles pratiquées dans leur épaisseur. Aujourd'hui ces chapelles sont abandonnées. Dans la partie de la Renaissance, les arcatures à plein cintre sont, comme les précédentes, encombrées de plâtre, ce qui nuit singulièrement à l'effet qu'elles devaient produire ; mais rien n'égale la richesse de la décoration des piliers, des pilastres, des colonnes et des colonnettes que l'architecte y a prodigués avec une si parfaite harmonie. Ce sont des dais et des culs-de-lampes, des arabesques variées à l'infini, des rinceaux, des enroulements, des fleurs, des fruits, des armes offensives et défensives, des figures gracieuses ou fantastiques, des têtes d'anges, des représentations sacrées et souvent profanes, jusqu'à des bustes d'empereurs romains, tous les ornements enfin que peuvent créer le caprice et l'imagination la plus active.

A chacune des travées, de somptueuses colonnes supportent des statues d'évêques, revêtus de leurs habits pontificaux. Enfin le soubassement offre une nombreuse série de médaillons et de caissons sculptés, représentant des sujets empruntés à l'histoire sacrée et à l'histoire profane.

Nous ne nous étendrons pas davantage sur ces innombrables sculptures, nous ne chercherons pas à décrire les trente-cinq médaillons historiques, si mutilés, qui décorent le soubassement ; nous ne nommerons ni les bustes en bas-reliefs des empereurs romains et de plusieurs grands hommes de l'antiquité, ni les grandes statues qui se dressent tout autour de la clôture du chœur. Mais pour satisfaire à la juste curiosité des visiteurs, nous leur offrirons une courte explication des différentes scènes de la vie de la Vierge et de Jésus-Christ, représentées dans les arcades supérieures. Nous commencerons par le côté méridional, c'est-à-dire par la droite du spectateur placé en face du chœur.

1° Joachim, au milieu de ses troupeaux et de ses bergers, écoute une révélation divine qui lui annonce qu'Anne, sa femme, « con-
» cevra une fille qui sera dans le temple de Dieu et que l'Esprit-
» Saint reposera en elle. »

2° Anne, dans sa chambre à coucher avec sa servante et son chien, écoute cette autre révélation : « Va à la porte que l'on
» appelle Dorée, et rends-toi au-devant de ton mari, car il vien-
» dra à toi aujourd'hui. »

3° Anne et Joachim se rencontrent et s'embrassent à la Porte-Dorée, une des entrées de Jérusalem. — Au-dessous de ce groupe, on remarquera un autel de la Renaissance, orné de statuettes, et autrefois consacré à saint Lubin, évêque de Chartres.

4° Anne, couchée dans son lit, vient de mettre au monde la vierge Marie. Sa servante est auprès d'elle ; plus loin, une sage-femme verse de l'eau dans un baquet, pour l'ablution de l'enfant qu'une autre femme tient sur une nappe.

5° Présentation de la Vierge au Temple. — Marie gravit les degrés du Temple. Anne et Joachim, restés en bas, sont en contemplation.

6° Bénédiction nuptiale de la Vierge et de saint Joseph par le grand-prêtre Abiathar.

7° L'ange Gabriel annonce à Marie qu'elle deviendra la mère du Sauveur.

8° La Visitation. — Marie, enceinte de trois mois, se présente chez sainte Elisabeth, sa cousine, enceinte de six mois de saint Jean-Baptiste, le précurseur du Christ.

— Entre ce groupe et le suivant, on remarquera un grand cadran soutenu par deux anges. Ce cadran, animé autrefois par l'ingénieux mécanisme d'une horloge très-compliquée, indiquait les heures, les jours de la semaine, les mois, le lever et le coucher du soleil, l'âge de la lune et les douze signes du zodiaque. Le stupide vandalisme du brutal 93 a démonté cette horloge, dont il ne reste plus que quelques rouages. A l'angle voisin est la svelte et élégante tourelle renfermant l'escalier qui conduisait à ce précieux mécanisme. Au haut de la tourelle, on voyait, dit Vincent Sablon, l'un des naïfs historiens des merveilles de la cathédrale.

« un réveille-matin composé de petites cloches qui, animées par
» de savants ressorts, sonnaient une hymne à Notre-Dame. »

9° Marie est occupée à coudre : pendant ce temps-là, Joseph, endormi auprès d'elle, reçoit pendant son sommeil cette révélation divine qui dissipe les doutes qu'il avait pu concevoir : « Joseph, fils de David, ne craignez pas de prendre avec » vous Marie, votre femme, car ce qui est en elle est du Saint-» Esprit. »

10° Ce tableau représente l'une des scènes de la nativité de Jésus-Christ. — Jésus est couché dans une corbeille de jonc ; sa mère est agenouillée auprès de lui, trois anges sont en adoration et Joseph est dans l'extase. Sur l'une des faces du pilier, le bœuf et l'âne mangent au ratelier ; dans la campagne de Bethléem, des bergers et une bergère sont au milieu de leurs troupeaux. Sur une autre face, des anges annoncent à d'autres bergers la naissance de l'Enfant divin.

11° La Circoncision.

12° Adoration des Mages.

13° La Purification. — On est dans le temple. Saint Siméon, en habits de grand-prêtre, prend l'enfant dans ses bras, et prononce son cantique : *Nunc dimittis*, etc. — Ce tableau a été mutilé ; à la statue de la Vierge, qui était devant Siméon, on a substitué une figure raide et insignifiante.

14° Scènes du massacre des Innocents. — Un bas-relief latéral représente la Fuite en Egypte. L'autre bas-relief montre Jésus dans le Temple expliquant les livres aux douze docteurs de la Loi.

15° Baptême de Jésus-Christ par saint Jean-Baptiste, dans les eaux du Jourdain.

16° La triple tentation de Jésus-Christ dans le désert.

17° La femme Chananéenne. — Cette scène est tirée de l'évangile de saint Mathieu, chap. xv, vers. 21-28. — Au dessous de ce groupe on lit le nom du sculpteur J. Boudin et la date 1612.

18° La Transfiguration de Jésus-Christ entre Moïse et Elie, en la présence des apôtres Pierre, Jacques et Jean.

19° Deux Pharisiens amènent à Jésus-Christ une femme surprise en adultère flagrant. Jésus leur dit : « Que celui de vous qui est

» sans péché lui jette la première pierre. » — Puis il dit à la femme :
« Puisqu'ils ne vous ont pas condamnée, je ne vous condamnerai
» pas non plus; allez et ne péchez plus. » — Vincent Sablon
attribue ce tableau au sculpteur Dieu, en 1681.

20° Jésus, devant plusieurs de ses apôtres, guérit un aveugle de naissance.

— Ici l'espace resté sans tableau, renfermait autrefois les reliques et les châsses de plusieurs saints, évêques ou martyrs. Dans le bas s'élevait un autel qui a aussi disparu. Les statuettes dépareillées qu'on y voit ont été rapportées depuis.

21° et 22° Cette scène, qui occupe deux niches, représente sur l'emplacement de la première, l'entrée triomphale de Jésus-Christ dans Jérusalem; dans la seconde, les habitants de la ville viennent le recevoir en jetant des palmes sur son chemin. — C'est l'origine de la *fête des Rameaux*.

23° Jésus est en prières au jardin des Oliviers; un ange lui présente le calice d'amertume et un autre ange le soutient; trois apôtres, Pierre, Jacques et Jean sont profondément endormis sous un palmier.

24° Trahi par le baiser de Judas, Jésus est arrêté par des soldats; saint Pierre tire son épée et abat l'oreille de Malchus.

25° Jésus devant Pilate.

26° La Flagellation.

27° Le Couronnement d'épines.

28° La scène de la *Crucifixion* occupe l'emplacement de deux niches : Dans la première, des soldats sont en train de ficher la croix en terre. Dans la seconde, la Vierge, abattue par la douleur, est soutenue par saint Jean l'évangéliste et par les saintes femmes.

29° La descente de Croix.

30° La Résurrection.

31° L'apparition aux saintes Femmes. — Ce tableau est signé, sur une plaque de marbre noir : J. Boudin, 1611,

32° Apparition de Jésus-Christ aux disciples d'Emmaüs.

33° Jésus, au milieu de ses Apôtres, montre ses cinq plaies à incrédule saint Thomas.

Maintenant nous nous bornerons à transcrire tout simplement les légendes en caractères gothiques que le sculpteur lui-même a écrites au bas de ses tableaux. Nous ferons remarquer que ces huit derniers groupes, comme les huit premiers, appartiennent à la partie de la clôture qu'on doit attribuer à Jean de Beauce.

34° « Cōme Jésucrist ressuscité aparoist à la vierge Marie. »
35° « Cōme Nostre Seigneur monte ès cieux. »
36° « Cōme le Saint-Espérit descent sus les apostres. »
37° « Cōme Nostre-Dame adore la croix. »
38° « C'est le trépassement Nostre-Dame. » — Mort de la Vierge.
39° « Le portement Nostre-Dame. » — Funérailles de la Vierge.
40° « Le sépulcre de Nostre-Dame. »
41° « Le Couronnement Nostre-Dame. »

Depuis l'entier achèvement de cette clôture, les travaux opérés dans l'intérieur du chœur et les désastres révolutionnaires ont porté une grave atteinte à la belle harmonie de l'œuvre de Jean de Beauce, les premiers en obstruant de marbre les ouvertures des niches qui laissaient voir l'imagerie de pierre, les seconds en exerçant leur inqualifiable vandalisme sur un grand nombre de statues. Aujourd'hui que la conservation des objets d'art et des monuments historiques est en quelque sorte à l'ordre du jour, il est incompréhensible et même impardonnable, que des sculptures si fines, si délicates et déjà si mutilées, ne soient pas garanties par une barrière quelconque du choc des chaises, du graisseux contact des curieux et du couteau plus dangereux encore de ces affreux gamins qui, pendant les offices, se livrent au stupide passe-temps de bâtonner les médaillons, d'écrire leurs noms sur le plain des murailles, de mutiler et de refouiller les têtes d'anges, les mascarons et toutes les figures de l'ornementation qui sont à leur portée.

L'intérieur du chœur, qui était autrefois si remarquable et jouissait d'une si grande renommée, a perdu son caractère primitif par suite des nombreuses transformations que lui a fait subir le mauvais goût du XVIIIe siècle. Dans l'origine le chœur était séparé de la nef par un vaste et magnifique jubé, flanqué de deux escaliers de pierre, soutenu sur de longues et frêles colonnettes, tout couvert de bas-reliefs et d'images de pierre, travail délicieux des

XIIIᵉ et XIVᵉ siècles, qui excitait l'admiration de tous les visiteurs et l'enthousiasme de tous les écrivains qui nous en ont laissé la description. C'était sur ce jubé que trônaient les rois et reines de France quand ils faisaient leur entrée solennelle à Chartres; c'était celui sur lequel, en présence de Charles VI et des principaux seigneurs de sa cour, on avait inutilement tenté d'opérer la réconciliation entre les jeunes princes de la maison d'Orléans et le duc de Bourgogne, meurtrier de leur père; c'était enfin celui où Henri IV s'était assis pendant la cérémonie de son sacre. Ce jubé avait fini par offusquer Messieurs du Chapitre, tout émerveillés des innovations que, depuis quelque temps, on faisait subir aux chœurs des plus belles cathédrales de la France. On commença donc à le mutiler dès 1747; dans la nuit du 23 avril 1763 on le démolit en entier. Une partie de ses fragments fut enfouie sur les lieux même, et ce n'est qu'en 1849 que M. Lassus, architecte de la cathédrale, les a retrouvés sous les dalles qui pavent le devant du chœur. Ces fragments précieux, accompagnés de deux tableaux de pierre représentant les Mages devant Hérode et l'Adoration des bergers, que l'on voit aujourd'hui dans la crypte, suffisent pour témoigner de la valeur esthétique du jubé et pour donner la mesure du vandalisme des chanoines d'alors.

Enfin, sous l'épiscopat de M. de Fleury, dès 1770, on se prit à orner à nouveau, ou plutôt à déshonorer le chœur. La direction des travaux fut confiée à M. Louis, architecte orléanais, qui dépensa plus de quatre cent mille livres à commettre tous ces enlaidissements que nous ne saurions assez déplorer.

Deux épais massifs de pierre de Tonnerre, réunis par une haute grille de fer ouvragé, fermèrent le chœur et l'isolèrent complètement de la grande nef. Le sculpteur Berruer orna le massif de droite de l'*Annonciation de la Vierge*, celui de gauche du *Baptême de Jésus-Christ* et flanqua le tout de quatre statues colossales représentant la *Foi*, l'*Espérance*, la *Charité* et l'*Humilité*. Pour éclairer tout cela, on mit, sur sa demande, des bordures de verre blanc aux quatre premières fenêtres de vitraux ouvertes sur l'entrée du chœur à droite et à gauche. Cette nouvelle profanation ne coûta que 480 livres!

On revêtit les murs intérieurs et les piliers du chœur de panneaux et de pilastres de marbre rehaussés de bronze et d'or; on plaça de chaque côté, au-dessus de la corniche des stalles, quatre bas-reliefs de marbre blanc entourés de bordures en marbre bleu turquin et représentant : à droite, la *Conception de la Vierge*, l'*Adoration des Mages*, la *Descente de croix* et le *Vœu de Louis XIII*; à gauche, la *Prédiction du prophète Isaïe à Achar*, roi de Juda, l'*Adoration des bergers*, la *Présentation au temple*, et la *Déposition de Nestorius par le concile d'Ephèse*. Ces huit bas-reliefs, de haute dimension, sont dus au ciseau de Bridan, de l'Académie royale de peinture et de sculpture.

A l'entrée du sanctuaire, sans aucun respect pour sa belle ornementation, on creva les murs de clôture pour y enchâsser, dans des chambranles de marbre blanc, les deux grilles qu'on y voit aujourd'hui.

Le sanctuaire élevé de trois marches en marbre de Languedoc, renferme le maître-autel, en forme de tombeau. Cet autel en marbre bleu turquin, enrichi d'ornements en bronze doré, et environné de six candélabres également en bronze doré et ciselé, a remplacé, en 1772, suivant le même esprit d'innovation, un autel gothique, érigé en 1520, environné de colonnes en cuivre, surmonté d'anges de la même matière, et couronné d'une figure de la Vierge en argent. Qu'on juge d'après cette courte description si l'autel détruit n'était pas mille fois préférable à celui qui l'a remplacé !

Immédiatement derrière le maître-autel, est le groupe célèbre, représentant l'*Assomption de la Vierge*, ouvrage pour lequel Bridan employa cinq magnifiques blocs de marbre de Carrare. Quand cette œuvre fut achevée, le chapitre en fut tellement émerveillé que, d'une voix unanime, malgré le prix convenu, il accorda à son auteur une pension viagère de 1000 livres, dont la moitié était reversible sur la tête de sa femme, et une forte gratification aux ouvriers.

Pour éclairer ces tristes chefs-d'œuvre, on entourait de bordures de verre blanc les belles fenêtres du chœur; on faisait plus, on les remplaçait dans leur entier. En 1788, Bridan demandait que le Chapitre voulût bien « mettre en verre blanc les » deux croisées du chœur qui sont au-dessus des deux arcades » du milieu. » — MM. *commis à l'œuvre* furent immédiatement autorisés à obtempérer à ce désir.

« Les comptes de l'œuvre nous apprennent que..... le 8 juin
» 1791, l'architecte Morin présenta un projet pour l'établissement
» de huit chapelles. Il proposa d'éclairer la première chapelle
» autour du chœur du côté du midi, en remplaçant par du verre
» blanc des panneaux en verre peint; de plomber à neuf et de
» remplacer pour partie en verre blanc les vitraux obcurs de la
» deuxième chapelle, en face de la porte latérale du chœur; de
» substituer du verre blanc à une partie des vitraux peints de
» la troisième chapelle; de même pour la quatrième chapelle,
» dite la Communion, à gauche de l'escalier qui conduit à la
» petite église de Saint-Piat.... Enfin d'éclairer les fonts baptis-
» maux placés aux deux extrémités des ailes de la nef, en sup-
» primant dans les vitraux des panneaux en verre peint, qui
» seraient remplacés par des vitraux en grisailles : ce projet fut
» adopté, mais il ne fut pas mis à exécution......

» Le vitrier Robert remplaça en verre blanc quelques panneaux
» des grands vitraux de la nef. Le 20 novembre 1791, il posa un
» vitrail en verre blanc de 24 pieds de hauteur sur 5 de largeur,
» et le 30 mars 1792, il en posa un autre de 21 pieds 4 pouces. » (1)

Ce fut 93 qui préserva le reste des vitraux de la cathédrale de ces stupides outrages. Le sanglant 93, tout couvert de la poussière de ses dévastations sacrilèges, préserva aussi l'Assomption de Bridan du marteau de ses sauvages démolisseurs, en coiffant la Vierge de son bonnet rouge, en lui ceignant les reins de son écharpe tricolore, en l'érigeant en *Déesse de la Raison*. Mais le plus grand mal était fait.

« La pureté des profils du chœur avait été altérée par d'inco-
» hérentes et bizarres décorations. La noble simplicité des
» piliers, des chapitaux, des colonnes, ce jeu des nervures des
» ogives, tout cela disparut sous le fracas des marbres, des
» stucs, des dorures et d'une superfluité d'ornements de mau-
» vais goût dont l'aspect détruit cette unité, cet accord des
» parties, caractère distinctif d'un bel ensemble et que plusieurs
» siècles avaient scrupuleusement respectés dans ce temple. » (2)

---

(1) A. Benoît, Annuaire d'Eure-et-Loir, 1845, page 415.
(2) Gilbert, Description de la cathédrale de Chartres.

Il s'en faut de beaucoup que le dallage général de cette cathédrale réponde à la beauté de son architecture; il n'y a plus de remarquable que la grande rosace ou labyrinthe, vulgairement appelée *lieue*, composée de pierre bleue de Senlis, qui décore le milieu de la nef.

Mais 93 n'eut point pour les riches reliquaires la délicatesse qu'il avait montrée à l'égard de l'œuvre de Bridan et des vitraux peints. Tous furent fondus avidement et les reliques qu'ils contenaient furent dispersées. A cette fonte générale échappa, par hasard, une navette à encens gothique, gracieux échantillon de l'orfévrerie du XVIe siècle. Elle représente un vaisseau, formé de la coquille d'un nautile, surmonté de petits siéges et de pinacles de vermeil, soutenu sur un pied de même matière, délicatement ciselé. Deux anges tenant les armoiries de la maison d'Illiers (d'or à six annelets de gueule), reposent sur un piédestal oblong, portant cette inscription :

DES. BIENS. DE. MONSEIGNEVR. MILES.
DILLIERS. EVESQVE. DE. LVÇON.
DOYEN. DE. CHARTRES. ET. NEPVEV.
DE. MESSIEVRS. MILE. ET. RENE.
DILLIERS. EVESQVES. DE. CHARTRES.

Au quinzième siècle la coquille du nautile était un objet fort rare et qui devait être d'un très-grand prix.

La chemise de la Vierge, donnée en 803 à Charlemagne par l'empereur Nicéphore, et offerte à la cathédrale de Chartres par Charles-le-Chauve, en 877, chemise qui avait fait la gloire de cette église, disparut aussi en 1793. On ne put conserver que la ceinture et le voile de la Vierge, qui, sous la Restauration, furent renfermés dans une châsse plus riche que belle, que l'on s'efforça de rendre gothique et qui est déposée dans une armoire derrière le maître autel.

La sacristie n'offre d'intéressant à l'intérieur et à l'extérieur que sa belle architecture du quatorzième siècle; elle est éclairée par de hautes et larges fenêtres dans le style ogival, que masquent en partie les boiseries de l'intérieur.

Un escalier, pratiqué près de l'une des chapelles de l'abside, conduit à la chapelle de Saint-Piat, construite en 1349 par le chapitre de Chartres, qui employa à sa construction les offrandes des fidèles. Son plan est un carré long, flanqué de deux grosses tours à ses angles supérieurs. Son portail est d'une composition riche et élégante. La porte, pratiquée sous une voussure ogive, est surmontée d'un pignon très délicatement découpé à jour et tout le reste de l'ornementation mérite de fixer l'attention. La chapelle est divisée en deux étages: au premier on célébrait le service divin; le rez-de-chaussée servait de salle capitulaire. On y a déposé de nombreux débris de statues; mais l'objet le plus remarquable est le cercueil de saint Chalétric, évêque de Chartres, mort dans la seconde moitié du sixième siècle. Sur le couvercle, on lit, en caractères mérovingiens, l'épitaphe de ce prélat, ainsi conçue :

☩ HIC REQVISCIT CHALETRICVS EPS CVIVS DVLCIS MEMORIA
[pri] DIE NONAS OCTOBRIS VITAM TRANSPORTAVIT IN CAEL [o]

Chacun se rappelle que les 4 et 5 juin 1836, un violent incendie, allumé par l'imprudence d'ouvriers plombiers, consuma entièrement la charpente et fondit, avec les cloches, l'immense toiture de plomb qui recouvrait les combles de cette cathédrale. Pour éviter qu'un pareil désastre pût jamais se renouveler, on résolut de remplacer l'ancienne forêt (c'est le nom qu'on donnait à la charpente) par une charpente de fer et les lames de plomb qui la recouvraient par des lames de cuivre. Ces travaux furent exécutés avec beaucoup d'art et coûtèrent des sommes énormes. Depuis quelques années on s'est aperçu que les eaux pluviales s'écoulant de la nouvelle toiture, se chargent d'oxide de cuivre, corrodent les pierres de l'édifice et compromettent ainsi sa solidité et sa conservation. Pour obvier à ce grave inconvénient, il est, dit-on, question de remplacer le cuivre par du plomb.

Avant de sortir du cloître Notre-Dame, nous avons encore à signaler deux édifices importants. Le premier, situé auprès du porche septentrional, est l'hôtel de l'Évêché, construit vers la fin du XVIIe siècle, entre une cour, plantée d'arbres majestueux qui ombragent une verte pelouse, et un beau jardin en terrasse, d'où l'on jouit d'une vue magnifique qui s'étend sur toute la basse-ville et les riantes prairies de la vallée de l'Eure. Du jardin on peut aussi contempler à son aise l'imposante abside de la cathédrale et l'extérieur de la chapelle de Saint-Piat.

Le second est l'Hôtel-Dieu, situé à l'angle du cloître, vis-à-vis la tour du vieux clocher. Cet hospice, qui fut fondé dans les premières années du XIII° siècle par Thibault VI, comte de Chartres, déguise mal sous ses restaurations modernes les traces de son ancienne origine. On retrouve dans quelques-unes de ses parties les anciens plein-cintres de sa construction primitive. Il est destiné aux malades indigents des trente-six communes qui forment les deux cantons de Chartres : il est desservi par des sœurs de St-Vincent-de-Paul, renferme cent lits et sert aussi d'hôpital militaire.

De quelque côté que nous sortions du cloître Notre-Dame, il nous faut passer par d'étroites ruelles encore munies de poternes cintrées, ou par des rues où nous reconnaîtrons les vestiges de portes plus larges, qui fermaient autrefois l'enceinte plus particulièrement réservée aux habitations de Messieurs du Chapitre.

En partant du flanc méridional de la cathédrale, prenons la rue des Changes, à l'angle gauche de laquelle est une grande maison de pierre dont le pignon et le mur latéral sont percés de fenêtres ogives qui accusent le XIII° siècle. Cette maison est assurément la plus ancienne de toute la ville. Dans la même rue, à droite, nous rencontrerons une autre maison de bois dont les sculptures sont très remarquables. Nous voici arrivés à la place Billard, sur l'emplacement de l'ancien palais des Comtes de Chartres. Son nom actuel est celui du maire qui l'a fait déblayer des hideuses mazures qui l'encombraient. Près de cette place, à gauche, est une autre petite place ou plutôt un long carrefour d'un aspect éminemment pittoresque : c'est la Poissonnerie. Cette grande maison à deux étages, à poutres apparentes sur lesquelles on voit des saumons sculptés qui trahissent son ancienne destination, n'est point la moins originale de ce quartier. A l'autre angle de la place Billard, où reprend la rue des Changes, c'est l'ancien Hôtel-de-Ville surmonté d'un campanille du haut duquel tintait autrefois la cloche du beffroi municipal. Rien dans ce vieil édifice ne fait regretter son changement de destination : il avait été construit vers le milieu du XV° siècle par Pierre Beschebien, 37° évêque de Chartres, dont les héritiers le vendirent à la ville pour en faire l'hôtel-commun. Les changeurs qui étaient établis dans ce quartier donnèrent le nom à la rue que nous venons de parcourir.

Maintenant, laissons à gauche la rue des Grenets, qui tire son nom d'une ancienne et illustre famille chartraine, dont le premier auteur connu accompagna, en 1096, Étienne, comte de Chartres, à la première croisade. Les maisons de cette rue furent presque entièrement détruites en 1432, pendant l'occupation anglaise. Prenons la rue de la Pie, et laissant à gauche la rue de la Clouterie, celle de la Monnaie nous conduira à la place Marceau. Cette place a reçu le nom de l'illustre général Marceau qui naquit à Chartres en 1769. En 1801, les habitants de Chartres élevèrent le modeste obélisque que vous voyez à la mémoire de leur compatriote, tué à Altenkirken en 1796. Maintenant que le jugement de la postérité a consacré l'illustration de Marceau, sa ville natale s'occupe de lui élever un monument plus digne de lui, une statue en bronze. Un moment, on a pu craindre de voir disparaître le premier tribut d'admiration des concitoyens de Marceau, pour faire place au nouveau monument; mais dans une des séances de sa session de mai, le Conseil municipal a décidé que la statue serait érigée sur la place des Épars. A l'un des angles de cette place est une boutique que ne fait point remarquer une fastueuse devanture, mais dont les produits jouissent d'une réputation européenne et n'ont pas peu contribué à la célébrité de leur ville natale. C'est la pâtisserie de Lemoine, dont les pâtés ont conservé la forme qu'ils avaient sur les cartes de visite du fameux gourmand Grimold de la Reynière. Dans la famille Lemoine, le talent est un privilége héréditaire.

De la rue du Cygne vous traversez la place, vous prenez la rue du Vieux-Marché-au-Blé et, arrivé au Marché-aux-Balais, vous tournez à droite et vous êtes sur la place des Halles, la plus spacieuse de toutes celles qui sont dans l'intérieur de la ville, celle où se fait le commerce si considérable des blés du Pays Chartrain. Là, à l'angle de la maison du libraire, vous prenez la rue de la Mairie, anciennement dite de la Fromagerie, et vous vous arrêtez devant l'Hôtel-de-Ville.

Cet hôtel, bâti au commencement du XVIIe siècle, par le sieur de Montécot, fut par lui vendu aux Ursulines, qui s'y établirent en 1626. Ces religieuses y furent remplacées par les Filles de la Providence, qui vendirent leur maison à la ville, pour y établir le collége, en 1763. Depuis, on y a établi la Mairie, qui y est encore.

Dans deux vastes pièces du premier étage de cet hôtel, remarquable par son style que rend encore plus sévère la teinte séculaire des briques dont il est construit, on a établi le Musée de la ville, qui mérite bien qu'on s'y arrête quelques instants. Il est ouvert au public le dimanche et le jeudi, mais les étrangers peuvent y entrer tous les jours de la semaine.

Musée. — Cet établissement est dû à la généreuse initiative de M. de Villiers, ancien chef de bataillon, qui, en 1833, proposa à l'administration municipale de créer un Musée à Chartres, offrant de le diriger et de donner tous les doubles de son intéressant cabinet. Il s'accroît annuellement tant par les dons volontaires des particuliers qu'avec l'aide d'une faible dotation imputée sur le budget de la ville, et quelquefois aussi par les envois du Gouvernement. Deux grandes salles suffisent à peine à contenir les nombreuses collections qu'on y rassemble. Ce Musée, en effet, embrasse les nombreuses sections de l'histoire naturelle, le règne animal, le règne végétal et le règne minéral; les diverses branches de l'archéologie, la peinture, la sculpture et les curiosités de toute espèce. Il est administré par une commission gratuite, composée de membres qui, chacun dans leur spécialité, président à l'acquisition, au classement et à la conservation.

Chacune de ces diverses collections offre des échantillons plus ou moins précieux. On remarque avec intérêt une série presque complète des oiseaux d'Europe et deux belles collections de coléoptères et de lépidoptères. La minéralogie et la géologie départementales, quoique déjà riches, pourront encore recevoir un développement considérable.

Parmi les collections archéologiques, nous ferons remarquer d'abord tous les débris antiques recueillis sur le sol de la ville et de ses environs; un beau vase de verre, à légende arabe, qui date du XIIe siècle et a probablement été rapporté d'Orient par quelque croisé du Pays Chartrain. Un bassin de bronze de la fin du XIIIe siècle, avec légende gothique, est l'étalon du minot usité dans l'ancien bailliage d'Orléans. On voit aussi un casque à mufle, posé au-dessus d'une cotte de mailles, que l'on prétend avoir fait partie de l'armure que Philippe-le-Bel offrit à la cathédrale de Chartres après la bataille de Mons-en-Puelle. Auprès de cette armure sont dressés deux vêtements que l'on dit être ceux des jeunes fils du roi.

Dans la collection numismatique, déjà très remarquable, nous espérons voir diminuer de jour en jour les nombreuses lacunes qui existent dans la série des monnaies chartraines. N'est-ce pas dans ce Musée qu'on doit naturellement trouver la suite la plus importante de monnaies des comtes et barons de l'ancien Pays Chartrain.

Parmi les tableaux, nous nous bornerons à citer la grande et belle toile sur laquelle Bouchot a représenté les funérailles du général Marceau; puis une petite bataille de Bourguignon.

On ne quittera pas ce Musée sans considérer le sabre de Marceau, qu'un de ses héritiers a généreusement offert à sa ville natale. Les reliques des grands hommes deviennent plus précieuses encore, lorsqu'elles sont confiées à la garde de leur pays.

Beaucoup d'autres objets, qui ont plus ou moins de rapport au département d'Eure-et-Loir, méritent également d'attirer l'attention; mais comme ils sont tous exposés à la vue, nous nous dispenserons d'en faire une plus longue énumération.

La rue de la Mairie aboutit sur la rue Saint-Michel qui, prise à droite, conduit à la place et au beau boulevard du même nom. Mais en tournant à gauche et en laissant la rue de la Poële-Percée on trouve la place de l'Étape-au-Vin, où les piliers de cette vieille galerie couverte nous rappellent les jambages de la porte que nous avons signalée dans la rue Colin-d'Harleville. De là, la rue du Chien-Vert vous mènera au cloître Saint-Aignan, devant l'église paroissiale du même nom.

Église Saint-Aignan. — L'ancienne église collégiale de Saint-Aignan avait été, après la révolution de 1789, convertie en magasin à fourrage; mais en 1822 elle fut rendue au culte. C'était autrefois la paroisse du château dont elle était voisine. Sa fondation est fort ancienne, mais l'édifice actuel n'est pas antérieur au XVIe siècle; le portail et quelques autres parties n'ont été terminés qu'au XVIIe. A l'intérieur elle offre une belle nef non voûtée, avec galerie intermédiaire aux arcades inférieures et aux fenêtres supérieures. Un large collatéral flanque la nef et tourne autour du chœur; dans les fenêtres qui l'éclairent, du côté du portail, on remarque encore d'assez beaux panneaux de vitraux peints.

Nous avons visité la haute-ville, sinon dans toutes ses parties, du moins dans ses édifices et ses détails les plus intéressants. Quittons maintenant ce quartier plus spécialement réservé au commerce, à la bourgeoisie et aux plus opulentes maisons; descendons dans la basse-ville, qui devient plus industrielle et plus manufacturière, traversée qu'elle est dans tous les sens par les divers bras de la rivière d'Eure.

Au bout de la place de l'Étape-au-Vin, sur le flanc méridional de l'église Saint-Aignan, descendons avec prudence le tertre Saint-François, si rapide et si glissant, que les degrés intermittents dont il est coupé rendent encore plus périlleux. A Chartres, on appelle *tertres* ces rues et ces ruelles escarpées qui réunissent la ville haute à la ville basse. Si nous avons pu descendre sans mal-encontre, prenons à droite la rue Saint-Pierre, et nous arriverons sur la place et devant l'église de ce nom.

Église Saint-Pierre. — Sur cette place plantée d'arbres et qui, avec un peu d'entretien, pourrait être une des plus jolies et des plus fraîches de la ville, s'élevait avant la révolution l'église paroissiale de Saint-Hilaire, dont il ne reste plus le moindre vestige. Depuis, Saint-Pierre a été érigé en paroisse et l'a remplacée. Cet édifice était autrefois l'église abbatiale de cette fameuse abbaye de Saint-Père, presqu'aussi vieille que la monarchie française et dont l'histoire tient une place importante dans les annales de la ville. Ce qui reste encore des anciens bâtiments claustraux est occupé actuellement par un quartier de cavalerie. Après la cathédrale, l'église Saint-Pierre est l'édifice le plus remarquable de la ville; à elle-seule elle suffirait à faire la réputation du lieu qui la posséderait, tant par son antiquité que par la beauté de son architecture.

A l'extérieur, les piliers butants et les arcs-rampants qui s'élancent des collatéraux pour maintenir la poussée des voûtes de la nef, du chœur et de l'abside, sont d'un effet on ne peut plus pittoresque, et méritent, par leur élégance et l'habileté avec laquelle ils ont été construits, de fixer l'attention des connaisseurs.

L'église n'a point de portail à l'occident; on y entre par un petit porche pratiqué dans la partie inférieure et septentrionale de la nef. A l'intérieur, elle offre une longue nef sans transsept et accompagnée de collatéraux qui entourent l'abside où rayonnent trois chapelles en hémicycle. La longueur totale, dans œuvre, est de 74 mètres (228 pieds); la largeur de 19 mètres 50 (60 pieds), et sa hauteur, sous clé, de 22 mètres (68 pieds). Cet édifice fut souvent brûlé et par conséquent souvent reconstruit ou réparé; aussi remarque-t-on plusieurs styles et plusieurs époques dans son architecture. Quelques parties basses de la nef, des collatéraux et des chapelles absidales, accusent le XIIe siècle; dans la nef, l'élégante galerie trilobée qui règne au-dessus du premier ordre, ainsi que les grandes fenêtres en lancettes géminées que surmonte une ouverture circulaire, appartiennent au XIIIe. Mais toute la partie supérieure du chœur et de l'abside, cette galerie éclairée, ces larges et hautes fenêtres qui laissent pénétrer des torrents de lumière, cette voûte qui les recouvre, ne datent que du XIVe siècle. Rien n'égale la hardiesse, la grâce et la légèreté de cette immense cage de verre dont les barreaux, si grêles et si frêles en apparence, supportent pourtant, à l'aide des piliers et des arcs-boutants que nous avons fait remarquer à l'extérieur, une voûte énorme qui ne paraît pas se ressentir de la fragilité de sa base. Malheureusement cette transparente série de fenêtres a perdu la plus grande partie de ses vitraux peints; quelques belles verrières des XIIIe et XIVe siècles, qu'on retrouve dans la nef et dans le chœur, font présumer de l'effet magique qu'elles devaient produire lorsqu'elles étaient au grand complet.

Les murs de la chapelle de la Vierge, au sommet de l'abside, sont décorés de douze émaux de grande dimension représentant les douze apôtres. Sur le pommeau de l'épée de saint Paul on lit ces deux lettres LL, qui font attribuer ces œuvres magnifiques au célèbre émailleur Léonard Limousin. Ces émaux sont peut-être les plus beaux en ce genre que possède la France. Ils décoraient autrefois la chapelle du château d'Anet, d'où, après la Révolution, ils furent apportés à Chartres, et donnés à l'église Saint-Pierre lors de son érection en paroisse. Il serait à désirer que la fabrique prît des mesures efficaces pour assurer la conservation de ces chefs-d'œuvres, trop exposés au toucher indiscret des visiteurs, et surtout au choc dangereux des chaises et des meubles qui sont à proximité.

Il serait long et difficile de tracer un itinéraire détaillé pour parcourir les rues tortueuses et escarpées de la basse-ville, à laquelle ses vieilles maisons, ses usines, ses manufactures, ses ponts jetés çà et là sur la rivière donnent une physionomie si originale. Nous nous bornerons à indiquer les édifices qui méritent le plus d'attirer l'attention. En première ligne nous citerons la porte Guillaume que nous avons décrite aux premières pages de ce chapitre. Plus loin, en descendant le cours de la rivière sur le bras le plus rapproché de la haute-ville, on rencontre l'ancienne église collégiale et paroissiale de Saint-André, qui sert de magasin à fourrages pour le quartier de cavalerie. Dans son ensemble cet édifice appartient au XIIe siècle. L'ornementation de la porte principale, ouverte à plein-cintre, se compose de tores, d'entrelacs et de dents-de-scie : quatre colonnettes surmontées de chapiteaux à têtes d'anges, délicatement sculptées, supportent cette archivolte élégante. Des pentures de fer ouvragé, également du XIIe siècle, se font remarquer aux ais des vantaux. Cette porte est flanquée de deux baies ogives donnant accès dans les collatéraux. Au-dessus de ce triple portail règne un entablement, supporté par neuf modillons à figures grotesques ou grimaçantes. A l'ordre supérieur, s'ouvrent trois fenêtres ogives au-dessus desquelles s'épanouit une rosace dans le style flamboyant du XVe siècle. A l'intérieur c'est une vaste nef, voûtée en bardeau et flanquée de deux collatéraux. La vieille église romane de Saint-André avait été agrandie : le nouveau chœur qu'on y avait ajouté et les deux chapelles qui l'accompagnaient étaient supportés par deux grands arcs ogives, jetés sur la rivière et d'une construction si parfaite qu'ils avaient fixé l'attention du célèbre Vauban. Ce chœur, ces chapelles et ces arcs ont été détruits depuis quelques années; au-delà de la rivière on ne retrouve plus que les fondements de l'abside et des piliers-butants.

Indépendamment des maisons anciennes et curieuses que nous avons déjà signalées, il en existe encore un certain nombre, disséminées dans les différents quartiers de la ville et qui doivent aussi être visitées. Nous citerons les suivantes, construites en bois et datant des XVe et XVIe siècles.

La plus remarquable de toutes est celle qui se trouve rue des Écuyers, dans la basse-ville, et qui présente une cage d'escalier en hélice, formée de gracieuses colonnettes et de spirales élégamment sculptées. On la désigne aussi vulgairement qu'improprement sous le nom d'*Escalier* de la reine Berthe. D'autres constructions analogues, mais bien inférieures, se rencontrent dans les rues de la Corroierie et de la Poële-Percée, etc., etc.

Un grand nombre d'autres maisons, construites en pierres et appartenant au XVIe siècle gothique et à la Renaissance, ont conservé leurs portes ouvertes dans des arcs en ogive, en accolade ou en plein-cintre. On en voit notamment dans les rues Chantault, des Grenets et du Chien-Vert. Enfin, dans la rue du Grand-Cerf, qui de la place des Épars débouche sur la place Billard par le prolongement des rues du Soleil-d'Or et des Trois-Maillets, on s'arrêtera devant une délicieuse maison de la Renaissance. Malheureusement les intempéries ont trop mutilé sa jolie porte cintrée, ses colonnes et son entablement supporté par des caryatides. On lit au-dessus de la porte cette inscription latine et grecque qui témoigne de la vanité et de la prétention de l'ancien propriétaire :

<pre>
        SIC CONSTRVXIT CLAVDIVS. H. W.
          IATPOΣ DECORI VRBIS AC
            POSTERITATI CONSVLES.
</pre>

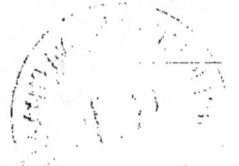

En traçant cet itinéraire, notre but unique a été de faciliter aux étrangers le parcours de la ville de Chartres, de les conduire devant les principaux monuments historiques ou devant les édifices les plus curieux ou les plus pittoresques. Nous n'avons pas eu l'intention de leur offrir une statistique minutieusement complète de toutes les rues, des places, des ponts nombreux qui sont jetés sur la rivière, ni de tous les édifices publics. Ainsi nous n'entrons dans aucun détail sur les tribunaux civil, criminel et de commerce, nous ne mentionnons ni le collége communal, ni les hôpitaux, ni les congrégations religieuses, ni tel ou tel autre établissement, parce que les bâtiments qui leur sont affectés se revèlent d'eux-mêmes et ne méritent pas toujours de fixer l'attention. Une infinité d'autres détails que nous avons omis s'offriront d'eux-mêmes aux yeux du visiteur qui pourra s'arrêter devant ceux qui l'intéresseront davantage.

Mais on n'aurait qu'une idée fort incomplète de la ville de Chartres si on ne la visitait qu'une seule fois et par un de ces jours où ses places et ses rues désertes n'offrent qu'un silence absolu et une immobilité désespérante. Il faut choisir un jour de marché, et mieux encore un de ces jours de foires qui y attirent tant d'étrangers et toute la population environnante. C'est alors, seulement alors, qu'on pourra voir la capitale de la Beauce sous son point de vue le plus intéressant. Les marchés se tiennent : les mardi, jeudi et samedi, aux légumes; le jeudi, aux bestiaux, à la volaille et au beurre; le samedi, aux grains de toute espèce, aux bestiaux, etc.

Les six foires annuelles sont : la foire des Barricades, du 11 au 21 mai, pour les chevaux, moutons et marchandises diverses; la foire aux laines, les 30 juin et 19 juillet; celle des *Landis*, tous les jeudis de juillet, pour les moutons et les laines; celle de la Saint-Barthélemy, du 24 au 27 août, pour les chevaux, porcs, moutons, laines, cercles et bois; celle de Notre-Dame, du 8 au 18 septembre, pour toute espèce de marchandises; enfin celle de Saint-André, le 29 novembre, pour le chanvre, la filasse, les chevaux et les moutons.

www.ingramcontent.com/pod-product-compliance
Lightning Source LLC
LaVergne TN
LVHW021728080426
835510LV00010B/1172